_____ 님의 소중한 미래를 위해

이 책을 드립니다.

행복을 부르는
자존감의 힘

행복을 부르는

자존감의 힘

선안남 지음

소울메이트

소울메이트 우리는 책이 독자를 위한 것임을 잊지 않는다.
우리는 독자의 꿈을 사랑하고,
그 꿈이 실현될 수 있는 도구를 세상에 내놓는다.

행복을 부르는 자존감의 힘

초판 1쇄 발행 2011년 7월 25일 | 초판 5쇄 발행 2015년 2월 15일 | 지은이 선안남
펴낸곳 ㈜원앤원콘텐츠그룹 | 펴낸이 강현규·박종명·정영훈
책임편집 김나윤 | 편집 이예은·최윤정·채지혜·길혜진·주효경·이진우·이은솔
디자인 윤지예·임혜영·홍경숙 | 마케팅 박성수·서은지·김서영
등록번호 제301-2006-001호 | 등록일자 2013년 5월 24일
주소 100-826 서울시 중구 다산로16길 25, 3층(신당동, 한홍빌딩) | 전화 (02)2234-7117
팩스 (02)2234-1086 | 홈페이지 www.1n1books.com | 이메일 khg0109@1n1books.com
값 13,000원 | ISBN 978-89-6060-211-3 03180

소울메이트는 도서출판 원앤원북스의 인문·사회·예술 브랜드입니다.

이 도서의 국립중앙도서관 출판시도서목록(CIP)은 e-CIP홈페이지(http://www.nl.go.kr/ecip)에서
이용하실 수 있습니다.(CIP제어번호 : CIP2011002815)

나는 항상 내가 강해지고 자신감을 가질 수 있는 길을
내 밖에서 찾아왔다.
그러나 그 길은 내 안에 있다. 항상 거기에 있다.

─ 안나 프로이트 ─

자존감,
우리 마음의 면역시스템

"상담받으러 가면 사람들은 주로 어떤 이야기를 하나요?"

직업이 상담심리사라는 것을 알게 된 사람들에게 가장 자주 듣는 질문이다. 같은 질문을 각각 다른 사람들에게 한 번, 두 번 들을 때마다 나는 그에 대한 대답을 조금씩 달리했던 것 같다.

처음에는 상담실에서 주로 만나왔던 내담자들이 대학생이라는 점을 들어 진로, 학업, 가족이나 친구관계, 성격, 정서와 같이 고민의 주제별로 구분해서 대답했다. 그러다 시간이 갈수록 그 모든 겉으로 드러난 문제 밑에 공통적으로 깔린 마음의 어려움을 이야기하게 되었다. 바로 내가 나 자신을 소중히 여기고 사랑할 수 없다는 '낮은 자존감'의 문제였다.

모든 상담 주제와 상담 과정에서 알게 되는 원인, 그리고 이를 해결해나가는 과정에서 자존감이 중요하게 부각되는 것을 보았다. 많은 사람들이 흔들리는 자존감의 문제를 안고 상담실 문을 두드리고 자존감 회복을 통해 상담실 밖으로 당당하게 나아갈 힘을 얻는다. 우리 마음의 문제는 많은 부분 내가 나를 소중히 여기고 사랑하지 못해서 나타난다.

그런 생각을 하고 있던 차에 듣게 된 두 사람의 말이 본격적으로 이 책을 쓰도록 나를 이끌었다. 그 중 하나는 대학의 화장실에서 보게 된 낙서였는데, 아마도 학교를 졸업하는 학생이 상담을 마치며 남기고 간 것 같았다. 그 학생은 미래의 후배들에게 이렇게 당부하고 있었다.

"학점도 좋고 토익도 좋고 여행도 좋은데 대학을 다니는 동안 자신을 진정으로 사랑하는 힘을 기르세요. 그 힘만 있으면 어디에 있든 행복해질 수 있어요. 이상, 그걸 몰랐던 초고학번 언니가 위층 상담받고 나오면서."

또 그 시기에 상담을 받던 다른 내담자는 "내가 나를 애틋하고 소중히 여김으로써 다른 사람도 애틋하고 소중하게 여길 수 있게 된 것이 상담에서 얻은 가장 큰 소득"이라고 말하며 웃음 지었다.

나를 소중히 여기고 사랑하는 힘으로 삶의 모든 과제를 거뜬히 풀어나가고, 나는 물론 나와 함께하는 사람까지도 소중히 여기고 사랑함으로써 타인과의 끈끈한 연결감을 확인시키는 자존감의 정수를 보여주는 이들의 말은 그들의 삶뿐 아니라 내 삶도 변화시켰다. 그 후 나는 자존감이라는 눈에 보이지 않는 심리적인 힘이 우리를 들어 올리기도 하고 끌어내리기도 하는 모습을 더 생생하게 목격하게 되었다.

자존감은 우리 마음의 면역시스템과 같다. 신체의 면역시스템이 약해지면 우리는 사소한 외부의 자극에도 쉽게 취약해지고, 한 번 취약해지면 다른 질병에 시달릴 가능성도 커진다.

자존감이 불안정하고 낮을 때 우리 마음에도 같은 일이 벌어진다. 자존감이 흔들릴 때 우리는 거침없이 세상 속으로 전진해나갈 힘을 잃고 스트레스에 더 오래, 더 강하게 압도당하게 된다. 다른 사람의 평가에 예민해지고 쉽게 위축되고 상처받기도 쉬워진다.

우리 몸의 면역시스템이 망가지면 이를 치료하는 것이 필요하듯, 불안정하고 낮은 자존감에 흔들릴 때 우리는 스스로를 치유하거나 우리의 치유를 도와줄 누군가에게 도움을 청할 필요가 있다. 그래서 나는 이 책을 통해 자존감이라는 우리 마음의 면역시스템을 탄탄하게 해줄 요소들을 설명하고, 스스로를 소중히 여기고 사랑하는 건강한 마음의 습관들을 강조하려고 한다.

신체의 면역시스템을 탄탄하게 해주기 위해 운동을 하고 건강한 생활습관을 유지하듯이 마음도 마찬가지다. 우리 마음의 건강한 면역시스템을 활성화하고 튼튼하게 해주기 위해 필요한 것이 무엇인가를 함께 고민해볼 필요가 있다고 생각한다.

건강한 신체를 유지하기 위한 건강한 습관에 대해 아무리 많이 알고 있어도 실천이 따르지 않으면 아무 소용이 없다. 자존감의 중요성 역시 깨달아도 실천하지 않으면 도움이 되지 않을 것이라 생각한다.

이 책이 흔들리는 자존감을 우리 마음의 항구에 조금 더 단단하게 정박시키고, 이런저런 경험에 시달리며 낮아진 자존감의 눈금을 높이는 실천을 하는 데 즐거운 자극이 되었으면 한다. 또한 건강한 신체를 회복하기 위해 병원에서 치료를 받듯이 마음이 아플 때에는 상담실을 찾을 수 있도록 상담실 문턱을 낮추는 데 이 책이 조금이나마 도움이 되었으면 한다.

어제보다 오늘 더, 오늘보다 내일 더
탄탄해질 당신의 마음을 위해
선안남 드림

C o n t e n t s

프롤로그 자존감, 우리 마음의 면역시스템   —6

 Part 1 ## 자존감은 무엇인가?
자존감의 중요성과 정의

자존감이 인생의 행복을 결정한다   —15

자존감은 자존심이나 우월감과는 다르다   —22

자존감은 어디에서 왔고, 어디로 가는가?   —29

체크리스트 자존감은 어떻게 측정할 수 있나?   —36

Part 2 ## 낮은 자존감 때문에 힘든 사람들
낮은 자존감의 7가지 증상

의심이 많은 사람   —43

외모에 불만인 사람   —51

내 의견을 표현하지 못하는 사람   —60

자신의 진가를 모르는 사람   —70

실패뿐만 아니라 성공도 두려운 사람   —78

내가 없는 사람   —89

사랑이 두려운 사람   —99

낮은 자존감이 나타나는 이유
자존감을 훼손시키는 7가지 요인

트라우마, 상처 입은 나 —111
역기능적 사고, 부정적인 나 —123
자책감, 괴롭히는 나 —135
거절과 거부, 환영받지 못한 나 —149
통제불능, 악순환을 반복하는 나 —159
관계 중독, 인정에 집착하는 나 —171
자기은폐, 숨기고 싶은 나 —180

낮은 자존감은 어떻게 붙잡을까?
자존감을 위해 꼭 살펴볼 7가지

친밀감, 끈끈한 관계망 —191
경청, 존재를 인정하는 힘 —203
자기애, 나를 사랑하는 힘 —211
자기수용, 나를 보듬어주는 힘 —223
신뢰감, 탄탄한 안전감 —233
가족, 위대한 심리적 상속 —243
변화, 나와 너를 바꾸는 힘 —254

에필로그 소홀히 하지 말아야 할 우리 마음의 업데이트 —264

Part 1

자존감은 무엇인가?

자 존 감 의   중 요 성 과   정 의

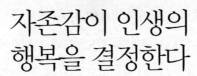

자존감이 인생의
행복을 결정한다

자아 존중감은 언제, 어디서나 평생 동안 우리를 따라 다니며,
우리의 생각과 행동에 큰 영향을 미치는 마음의 무게중심 추다.

자신을 바라보는 방식, 자신과 관계 맺는 방식

대학시절, 등록금을 벌기 위해 학생들을 가르치는 과외와 강
사 아르바이트를 많이 했다. 그러면서 만났던 많은 학생들 가운
데 유독 기억에 남는 두 학생이 있었다. 두 학생은 부모님의 경
제적 수준도 비슷했고 다니는 학교도 같았다.

그들의 부모님은 아이들에게 줄 수 있는 최고의 교육을 제공
하려고 애쓰고 있었다. 그들은 공부를 잘하는 것이 우리 사회에

서 얼마나 중요한 가치인가를 아이들의 마음속에 심어주기 위해 나와 같은 선생님들을 여럿 고용했다. 두 아이는 모두 성적이 최상위권으로 비슷했다. 취향과 외모, 그리고 진로에 대한 계획도 비슷했다. 하지만 이들이 공부하는 과정에서 느끼는 스트레스는 확연히 달랐다.

그때는 왜 그런지 미처 생각을 해보지 못했고 별다른 문제의식을 느끼지 않았지만, 그 후 심리학을 공부하고 상담실에서 내담자들을 만나면서 그 둘의 차이가 왜 나타나는지에 대해 더 분명히 알게 되었다. 그리고 이에 대해 크나큰 문제의식도 느꼈다. 왜냐하면 그 둘의 차이가 삶을 즐겁고 건강하고 행복하게 살아가는 데 핵심적인 역할을 하기 때문이다.

그 둘의 차이는 자신을 바라보는 방식, 즉 자신과 관계 맺는 방식에서 나타났다. 아이들이 공부하는 모습, 공부하다가 잘 안될 때의 모습, 친구들과 있을 때의 모습, 그리고 가장 중요하게는 부모님과 이야기할 때의 모습을 가만히 지켜보면 아이들이 자신을 어떻게 바라보고 있는가를 알 수 있다.

그 이유는 우리가 언제, 누구와 함께, 무엇을 하든 태어나서부터 지금까지 함께해온 사람은 바로 나 자신이기 때문이다. 어제도, 오늘도, 그리고 다가오는 미래에도 우리가 자신을 바라보는 방식과 자신과 관계 맺는 방식은 우리가 관여하고 있는 모든 일에, 우리의 모든 모습 속에 드러날 수밖에 없다.

낮고 불안정한 자아 존중감

먼저 A가 자신을 바라보는 방식과 스스로와 관계 맺는 방식을 살펴보자. A는 처음 만났을 때부터 눈치를 많이 보는 편이었다. 또한 조금 시간이 지나고 편해지면 사람들에게 너무 가깝게 붙어 있으려고 해서 불편하다는 느낌이 들 정도로 정을 많이 주고 의존하는 편이었다. 하지만 그 애는 대부분 새로운 관계 앞에서는 경계하고 머뭇거리는 모습을 보였다. 무언가를 물어볼 때에는 상대방이 잘 들어주리라는 확신이 없는지 작게 웅얼거리거나 울먹이는 아기 목소리로 이야기할 때가 많았다.

공부하다가 틀리거나 하기 싫어지면 곧바로 양미간을 찡그리며 아프다고 말했고, 쉽게 집중하지 못하는 모습을 보였다. 잠시 쉬었다 하자고 제안해도 될법한데, 공부를 잘해야 한다는 스트레스가 큰지 휴식시간을 줘도 책상머리에서 벗어나지 못하고 지친 모습을 보였다. 친구들 사이에서도 관계에 집착하고 떼를 쓰거나 우기는 모습을 보여 친한 친구도 몇 명 없었고, 친구들과의 관계 패턴을 살펴보면 쉽게 친해졌다가 쉽게 소원해지는 모습을 보였다.

A가 스트레스를 풀기 위해 가장 즐겨하는 것은 예쁜 연예인 사진을 모으는 것이었는데, 정작 자신이 사진에 찍히는 것은 싫어했다. 다른 친구들과 함께 찍은 사진들 속의 A는 항상 두 손으

로 얼굴을 감싸며 카메라의 시선을 피하고 있었다. 외모 콤플렉스는 공부만큼이나 A의 주요 스트레스였던 것이다. A는 공부를 못하거나 외모가 예쁘지 않으면 자신이 가치 없다고 생각했다.

A의 행동과 말을 들어보면 그 애가 자신에 대해 '어딘지 모자라고 부족하다'고 느끼고 있다는 사실을 알 수 있었다. 공부를 잘하고 예뻐져야 스스로가 더 가치 있을 텐데 그게 안 되니 자주 좌절하고 힘들어진 것이다.

그러다 보니 그 애는 다른 사람의 사랑과 인정에 더 집착하며, 확고한 자기 주장도 하지 못하고 관계 속에서 불안정한 모습을 보였다. A처럼 자기 자신을 소중히 여기지 못하고 자신과 불안정한 관계를 맺는 사람들은 스스로에 대한 좌절과 스트레스를 더 자주, 더 크게 느끼고, 타인과의 관계 속에서 불안정한 모습을 보이기 쉽기 때문이다.

높고 탄탄한 자아 존중감

반면에 B가 자신을 바라보는 방식과 스스로와 관계 맺는 방식은 A와 달랐다. B는 처음 만났을 때부터 호기심 어린 눈망울로 밝게 인사하는 모습을 보였다. B 역시 공부를 잘해야 한다는 부담감에 스트레스를 많이 받기는 했지만 A처럼 항상 스트레스를 무겁게 안고 있지는 않았다. B는 친구들 사이에서 인기도 많았고 통솔력도 있어서 학급의 리더 역할을 도맡아 하는 것 같았다.

B는 외모에 관심이 많기는 했지만 스스로가 매력적이라고 느끼고 있는 듯했다. 자신감이 있지만 타인에 대한 배려심 역시 강했기에 B와 함께 있다 보면 긍정의 경쾌한 에너지가 전해지는 것 같았다. 또한 스스로를 모자라고 부족하게 여기는 A와 달리 B는 자신이 '이만하면 괜찮고 잘하는 것이 많은 사람'이라고 여겼다.

B는 A처럼 꼭 공부를 잘하고 예뻐야만 사랑한다는 조건문으로 자신을 판단하고 평가하지 않았다. 그러기에 자신을 바라보는 태도도 긍정적이었고, 자신과 맺고 있는 관계 역시 순탄하고 안정적이었다. B처럼 자신을 조건 없이 사랑하고 존중하는 태도를 가진 사람들은 자기 자신과의 긍정적인 관계를 바탕으로 타인과의 관계도 안정적으로 잘 맺게 된다.

자존감, 매우 중요한 마음의 무게중심 추

그 후 A와 B가 어떻게 자랐는지는 알지 못한다. 그런데 누군가가 현재 자기 자신을 바라보는 태도, 자신과의 관계 패턴을 살펴보며 그 사람이 후에 어떻게 살게 될지 예상해볼 수 있다. 우리는 A보다는 B가 더 행복하고 건강하며 성공적으로 살았을 가능성이 크다는 점을 알 수 있다. 왜냐하면 B가 자신을 대하는 태도와 관계 패턴이 A보다 더 건강하기 때문이다. A의 모습이 낮고 불안정한 자아 존중감을 대변하고 있다면 B의 모습은 높고 탄탄한 자아 존중감(self-esteem)을 드러낸다.

자존감이 높은 사람들은 우울·불안·분노·완벽주의·강박성과 같은 심리적 어려움을 경험할 가능성이 적고, 또 이를 더 쉽게 극복해낸다. 어려운 일에 도전하는 것도, 다른 사람 앞에서 자신의 의견을 당당하게 펼치는 것도, 관계 속에서 나타날 수 있는 갈등과 오해를 슬기롭게 풀어나가는 것도 모두 자존감이 높은가 낮은가와 관련이 깊다.

이런 자존감은 언제, 어디서나 평생 동안 우리를 따라 다니며 우리의 생각과 행동, 느낌에 크나큰 영향을 미친다. 결국 자존감은 우리의 행복과 건강, 성공을 위해 반드시 살펴봐야 할 마음의 무게중심 추라고 할 수 있다.

그렇다면 우리는 이렇게 중요한 자존감을 어떻게 다독이고 관리하고 있을까? 가만히 우리 삶을 돌아보면 우리는 타인에 대해, 그리고 타인이 우리를 어떻게 생각하는가에 대해서는 열심히 고민하고 타인에게 좋은 인상을 심어주기 위해 노력한다. 하지만 정작 우리가 스스로를 어떻게 바라보고, 자기 자신과 어떤 방식으로 관계를 맺고 있는가에 대해서는 진지하게 고민하지 않고 살아간다.

그러다 보면 낮은 자존감 때문에 나타난 이런저런 마음의 문제를 안고 있으면서도 그 패턴에서 벗어나지 못하고 자신을 존중하지 못하는 방식으로 문제를 쌓아가기가 쉽다. 따라서 이 책은 이런 우리의 자존감을 살핌으로써 우리의 건강과 행복, 성공에 한 걸음 더 다가서는 것을 목표로 한다.

자존감은
자존심이나 우월감과는 다르다

자존심은 지키려 노력할수록 마음을 예민하고 약하게 만들지만
자존감은 지키려 노력할수록 마음을 강하고 탄탄하게 만들어준다.

자신을 조건 없이 수용하고 가치 있게 여기는 것

자존감은 '나는 괜찮은 사람, 사랑받을 만한 사람'이라는 건
강하고 밝은 자기 개념에서 나온다. 학자마다 자존감을 정의하
는 방식은 조금씩 다르지만 그들은 공통적으로 탄탄하고 높은
자존감을 가진 사람이 건강하고 행복하며 성공적인 삶을 산다는
것, 그리고 불안정하고 낮은 자존감을 가진 사람일수록 스트레
스에 취약하고 불안이나 우울, 분노, 공포와 같은 부정적인 심리

경험에 노출될 가능성이 크다는 점을 밝히고 있다.

다음은 나사니엘 브랜든(Nathaniel Branden)이라는 심리학자가 『나를 존중하는 삶』이라는 책에서 정의한 자기 존중감이다.

자기 존중감에 의해서 개인은 이렇게 저렇게 평가받고 또 습관적으로 스스로가 유지된다고 한다. 즉 자기 존중감은 개인이 능력 있고, 중요하며, 성공적이고, 가치 있다고 자신을 믿는 정도를 가리키며, 이를 어느 정도 인정하고 인정하지 않느냐 하는 태도를 가리킨다. 다시 말하면 자기 존중감은 한 개인이 스스로를 얼마나 가치 있는 존재로 생각하고 있느냐 하는 사적인 판단이다.[1]

심리학자 알버트 앨리스(Albert Ellis) 역시 자존감이 객관적이고 중립적인 기준에 근거한 판단이 아닌 '사적인 판단'이라는 점을 강조한다. 그는 우리가 생각하는 방식과 느끼는 방식, 행동하는 방식 간의 유기적 연결 관계를 살피며, 비합리적인 신념들을 합리적으로 바꿔줌으로써 보다 건강하고 행복한 삶을 살아갈 수 있다는 것을 중심으로 한 합리적 정서 치료 이론(REBT ; Rational Emotive Behavior Therapy)을 내놓은 대표적인 학자다.

그는 자존감의 형성에 자기평가의 과정이 반영된다고 보았는데, 이러한 인간의 가치를 평가하는 데는 어떠한 객관적인 증거도 존재하지 않기에 자기평가가 비합리적이거나 왜곡된 방식으

로 나타날 가능성이 있다고 보았다. 예를 들어 앞에서 소개한 A
의 경우, 그 애는 사실 객관적으로 보면 B보다 공부도 잘했고 외
모도 예쁜 편이었지만 자신은 한참 부족하다고 평가를 내린다.
스스로에 대한 평가가 가혹하고 자신을 조건과 기준에 따라 받
아들이기도, 거절하기도 할 만큼 자존감이 낮았다. 그러다 보니
사소한 스트레스에도 쉽게 흔들리는 모습을 보였다.

  A처럼 낮은 자존감을 보이는 사람들은 비합리적이면서도 조
건적인 잣대로 스스로를 바라본다. 그래서 앨리스는 합리적 정
서 치료의 핵심 요소로 다음의 두 가지를 강조한다. 그것은 비합
리적인 신념을 보다 합리적이고 건강한 방식으로 바꾸고, 자신
을 조건 없이 수용하고 가치 있게 여기는 것이다.

  자존감의 정의는 단순하지만 나를 사랑하고 존중하는 것이 구
체적으로 어떻게 나타나는가를 이해하는 것은 단순한 일이 아니
다. 이를 위해 우리는 자존감의 다음 세 가지 특성을 유념할 필
요가 있다.

자존감은 자존심과 완전히 다르다

  첫째, 자존감은 자존심과 다르다는 사실을 분명하게 알아야
한다.

자존감이 '나를 소중히 여기는 것'이라고 하면, 어떤 사람은 자존심을 내세우고 타인에게 자신을 더 소중히 여기고 존중해줄 것을 요구한다. 그러고는 흔히 나 자신을 흔드는 부정적인 경험에 대해 "자존심 상한다"며 자주 분개하기도 한다. 하지만 자존심과 자존감은 엄연히 다른 개념이다.

정신과 의사 김준세 박사는 어느 인터뷰 기사를 마치며 자존감과 자존심을 이렇게 분리했다.

자존감, 스스로를 아끼고 사랑할 줄 아는 긍정의 힘이다. 이는 자존심과 혼동되기도 한다. 자존감이나 자존심 둘 다 자신을 좋게 평가하고 사랑하는 마음이다. 자존심이 남과의 경쟁에서 이겨 얻는 긍정이라면, 자존감은 있는 그대로의 실체를 받아들이는 긍정이다. 자존심은 남과 경쟁을 치러야 하니, 패배할 경우 끝없는 심연으로 곤두박질치기도 한다. 하지만 자존감은 다르다. 자신에 대한 믿음과 사랑이니 결코 배신하거나 도망갈 일이 없다.

우리가 진정 지켜야 할 것은 자존심이 아닌 자존감이라는 것이다. 자존심은 타인이 자신을 어떻게 대하는가에 집중하며 소중하게 다루어줄 것을 기다리는 마음이지만, 자존감은 다른 누군가가 자신을 어떻게 대하든 흔들리지 않는 자기 존중과 자기 사랑을 실천하는 마음을 나타낸다. 자존심은 지키려 노력할수록 마치 마음에 '파손주의'라는 표를 붙이기라도 해야 하는 것처럼 우리 마음을 예민하고 약하게 만들지만 자존감은 지키려 노력할수록 우리 마음을 강하고 탄탄하게 만들어준다.

자존감을 안정성 면에서도 살펴보자

둘째, 자존감을 살필 때에는 높낮이와 안정성 모두를 고려할 필요가 있다.

단순히 자존감을 높고 낮은 '높낮이'의 기준으로 바라보기 쉽지만 자존감이 오르락내리락하는 불안정성 역시 우리 마음에 큰 영향을 미친다. 게다가 어떤 연구를 살펴보면 자존감이 매우 높지만 불안정한 사람은 타인에게 공격적인 모습을 보이기도 해서 오히려 관계에 부정적인 영향을 미치게 된다고 한다. 그러니 자존감을 '안정성' 면에서 살펴보는 것도 반드시 필요하다.

자존감이 높은 사람이라도 자존감에 기복이 있을 수 있다. 이런 안정성은 심리적 건강을 드러내는 중요한 지표가 된다. 이와 관련해 여성들의 거식증과 폭식증 연구를 기반으로 흔들리는 자아의 모습을 이론화한 심리치료사 배르벨 바르데츠키(Babel Wardetzki)는 『여자의 심리학』에서 자존감에 대해 이렇게 말한다.

건강한 자아는 자존감과 편안함으로 대변되며, 장기적으로 안정적인 구조를 지니고 있다. 어제의 모습이 오늘과 같고, 내일이 된다고 해서 내가 완전히 달라지지 않는다는 느낌을 갖는 것이다.[2]

이처럼 때에 따라 감정이 쉽게 상하고 불편해지는 사람들은 불안정한 자존감의 문제에 시달리고 있을 가능성이 크다.

자존감과 우월감의 엄청난 차이

마지막으로 자존감은 우월감이나 열등감과 관련이 있긴 하지만 전혀 다른 개념이라는 사실을 명심하자.

우리는 때로 마음에 들지 않는 자신의 모습을 보며 열등감을 느끼고, 또 때로는 무언가를 잘해낸 자신의 모습을 보면서 우월감을 느끼기도 한다. 또한 무언가를 잘하는 경험을 통해 자존감이 높아지기도 한다. 탄탄한 자존감이 우리의 심리적 건강과 행복을 지켜준다면 자존감의 반대편에는 우리의 심리적 건강과 행복을 해치는 열등감이 있다.

여기서 우리가 중요하게 짚고 넘어가야 할 것이 있다. 자존감이 열등감과 대비되는 말이긴 하나 그렇다고 우월감과 같은 개념은 아니라는 점이다. 오히려 우월감과 자존감은 정반대의 기

능을 한다. 왜냐하면 우월감은 열등감의 반대말이 아니라 열등
감이라는 동전의 반대쪽에 있는 열등감의 또 다른 모습이기 때
문이다.

무언가를 잘하는 것이 우리의 자존감을 높이고 탄탄하게 하는
데 도움이 되기는 하지만, 그것이 단지 우월감을 느끼는 데 그친
다면 우리의 마음은 힘들어지기 쉽다. 그래서인지 우리는 많은
면에서 뛰어난 재능을 보이지만 마음은 불행한 천재들의 비극을
종종 듣게 되기도 한다.

우월성에 집착하며 경쟁하고 비교할수록 자존감은 사막의 신
기루처럼 우리에게서 멀어져가기만 한다. 그러니 우리는 순간
으쓱해지는 우월감을 향해서가 아닌 오래도록 우리를 행복하게
해줄 자존감을 향해서 묵묵히 가야 한다.

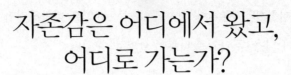

자존감은 어디에서 왔고,
어디로 가는가?

자존감은 얼마든지 변화 가능하므로 낮은 자존감의 원인을 인식하고
과거의 경험 속에서 받은 영향을 이해하고 바꾸려 노력해야 한다.

무엇이 우리의 자존감에 영향을 미칠까?

어떤 사람은 자존감이 높지만 또 어떤 사람은 자존감이 낮다.
같은 부모님 밑에서 자란 형제자매라도 저마다 자존감이 다르
다. 어떤 사람은 겉으로 보기에는 멋지고 훌륭하지만 끊임없이
자신을 비하하는 말을 하기도 하고, 또 어떤 사람은 힘들고 좌절
할 수밖에 없는 상황에서도 끝까지 자신을 신뢰하고 존중하며
사랑하는 마음을 잃지 않는다.

왜 이런 차이가 나타나는 것일까? 무엇이 우리의 자존감에 영향을 미칠까? 자존감에 영향을 미치는 요인은 다양하지만 우리는 크게 다음 두 가지로 나누어 살펴볼 수 있다.

부모님과의 관계가 자존감에 큰 영향을 미친다

첫째, 어린 시절 부모님과의 관계다.

우리는 부모님과 유전적으로 닮아 있기도 하고, 우리에게 생후 초기 발달 환경을 제공한 사람도 부모님이다. 그래서 어린 시절 부모님과 어떤 관계를 맺었으며, 그 관계 속에서 무엇을 배웠는가는 참으로 중요하다.

어린 시절에 배운 관계의 패턴, 그리고 그 관계 속에서 느끼고 생각하는 나에 대한 개념은 우리의 자존감에 주요한 뼈대를 구성한다. 그러기에 부모님의 자존감이 아이에게 그대로 대물림되는 경우가 많다. 심지어 어떤 학자는 가장 좋은 유산이 물질적 상속이 아닌 '심리적 상속'이라고 주장하기도 한다.

자신을 소중히 여기고 사랑하는 사람은 주변 사람들 역시 소중히 여기고 사랑할 줄 안다. 이런 관계의 법칙은 부모와 자녀 사이 같은 친밀한 관계 속에서 더 강하게 나타난다. 자존감이 높고 안정적인 부모 밑에서 자란 아이가 자존감이 높고 안정적인 사람으로 커나갈 가능성이 크다는 것이다.

앞서 소개했던 A학생이 부모님과 어떤 관계를 맺고 있는지 살펴보면 A의 자기 인식에 부모님이 큰 영향을 미치는 것을 알 수 있었다. A의 눈으로 본 부모님의 모습이기는 하나 A의 부모님은 공부를 잘하는 것에 지나치게 큰 가치를 두었고, 의견충돌이 있을 때면 "넌 항상 그런 식"이라는 말로 결론을 내리는 편이었다. 그러면 A는 자신의 이야기를 더 할 수 없게 되었고, 아기 같은 목소리로 웅얼웅얼 불만을 늘어놓는 것 같았다.

A의 책상 벽면에는 부모님이 15분 단위로 짜준 시간표가 붙어 있었고, A는 그 시간표가 없으면 자신이 컴퓨터를 하느라고 시간가는 줄도 몰라 스스로 시간을 조절해낼 수 없을 것이라 생각하는 것 같았다.

그런데 그 시간표에 맞춰 공부하면서 A가 자신에 대한 통제감을 키워나갈 수 있었을까? A는 자신의 시간에 대한 통제감과 자신의 의견에 대한 자신감이 부족하기 때문에 스스로를 부족하고 모자라다고 생각하는 것 같았다. 이는 많은 부분 A가 부모님과의 관계에 바탕을 둔 자신에 대한 신념과 태도, 그리고 행동이었다.

반면에 B는 부모님과의 관계가 A보다 더 좋은 편이었다. B의 부모님도 A의 부모님과 마찬가지로 공부의 중요성을 크게 강조하기는 했지만 B의 자율성과 책임감을 믿는 편이었다. B 역시 부모님과의 관계 속에서 갈등이 있어 스트레스를 받을 때도 있었지만 자신이 맞다고 생각하는 것이 있으면 끝까지 자신의 의견을 전하는 집요함도 있었다.

B의 책상에도 공부 시간표가 있기는 했다. 하지만 부모님이 일방적으로 짜준 시간표가 아닌 함께 협상하고 논쟁한 끝에 마련한 시간표였다. 시간표가 너무 싫고 공부하기 지치는데도 책상에서 일어나지 못했던 A와는 달리 B는 되도록 이 시간표를 지키되 때에 따라 바꿀 수도 있다고 믿는 것 같았다.

이렇게 어린 시절 부모님과의 관계 속에서 배운 것, 부모님이 중시하는 가치는 우리의 자존감에 큰 영향을 미치고 성인이 된 이후에도 여전히 영향력을 발휘한다.

경험이 자존감에 큰 영향을 미친다

둘째, 우리의 자존감에 영향을 미치는 것은 경험이다.

어떤 경험을 했는가도 중요하지만 경험을 어떤 방식으로 받아들였는가도 우리의 자존감에 큰 영향을 미친다. 이런 우리의 경험은 우리의 자존감을 탄탄하게 일으켜주는 긍정적 경험과 우리의 자존감을 흔들고 무너뜨리는 부정적 경험으로 나누어볼 수 있다.

32

긍정적 경험이란 우리가 수용받고 사랑받는 경험을 말한다. 무언가를 잘해서 칭찬받고 뿌듯했던 적이 있는가? 인정받아서 뿌듯했던 경험, 누군가가 건넨 사랑의 손길, 있는 그대로 사랑받고 존중받은 경험은 우리 마음을 더 탄탄하게 만들어준다. 우리의 자존감은 그런 경험을 바탕으로 확장되고 탄탄해진다.

  반면 부정적 경험은 우리의 자존감을 흔든다. 보통 우리가 트라우마(trauma)라 부르는 경험들이 그러하다. 우리 마음에 큰 상처를 남기는 경험의 소용돌이가 지나가고 나면 우리 마음은 마치 폭풍우 이후 쓰러진 건물처럼 무너진다. 상처에 아파하기도 하고, 왜 그런 일이 하필 나에게 일어났는가를 곱씹으며 자책감에 휩싸이기도 한다. 나라는 사람, 그리고 그런 나를 감싸고 있는 세계에 대한 신뢰감이 흔들리면서 크나큰 불안에 떨기도 한다.

  트라우마 경험이 우리의 자존감에 미치는 부정적인 영향으로부터 우리가 스스로를 보호하기 위해서는 이를 보상하고 상쇄할 수 있는 긍정적인 경험이 필요하다. 사건이 일어났다는 사실은 변하지 않지만 그 사건을 통해 소중한 것이 무엇인가를 알게 된다면 부정적인 경험은 전화위복이 되고, 우리를 더 강하게 만들어주기도 한다.

  이에 대해 학자들은 '외상 후 성장(PTG ; post-traumatic growth)'이라는 말로 설명한다. 부정적인 경험이 우리를 힘들게 하고 자존감을 다치게 하지만, 이를 다시 일으켜 세우는 경험을 통해 우리의 자존감이 전보다 더 탄탄해질 수 있다는 점을 보여주는 말이다.

　어린 시절 우리의 생존 환경에 가장 중요한 영향을 미친 사람들이 부모님이고, 환경의 영향을 크게 받는 어린 시절에 성격 특성의 큰 골격이 형성되기 때문에 부모님이 우리에게 미치는 영향은 크다. 특히 낮은 자존감을 가진 부모님은 스스로 느끼는 불행감을 자녀들에게 부적절하게 쏟아낼 가능성이 크기에 부모님의 낮은 자존감은 자녀들에게 부정적인 영향을 미칠 수도 있다. 또한 우리의 자존감을 위협하는 부정적인 경험들을 계속해오면서 그 경험들을 제대로 소화하지 못하고 살아왔다면 우리는 낮게 흔들리는 자존감의 문제를 안고 있을 가능성이 크다.

자존감은 고정적인 것이 아니다

　이제 우리는 현재 우리의 자존감은 어린 시절 부모님과의 관계, 지금까지의 경험들, 그리고 이런 관계와 경험들을 받아들이고 처리해온 방식들이 차곡차곡 쌓여 지금의 모습에 이르게 되었다는 사실을 알았다. 그렇다면 한 가지 의문이 생긴다. 과거의 관계와 경험이 우리에게 그토록 큰 영향을 미쳤다면 우리의 자존감은 앞으로도 지금 이 모습 그대로 계속될 것인가? 지금 낮은 자존감을 보이는 사람은 후에도 계속 낮은 자존감을 보일 것인가?

상담 치료를 통해 변화하고 성장해가는 사람들의 모습을 살펴보고 자존감에 대한 학자들의 연구와 저술들을 종합해보면 자존감은 꼭 그렇게 고정적인 것이 아니라는 것을 알 수 있다. 우리의 자존감은 변할 수 있다는 것이다. 다만 우리는 낮은 자존감의 원인을 인식하고 스스로 과거의 경험 속에서 받은 영향을 이해하고 바꾸려 노력할 필요가 있다. 자존감은 얼마든지 변화할 수 있다.

『자존감』이라는 책을 쓴 이무석 박사는 자존감을 높이는 방법으로 다음 다섯 가지를 강조한다. 그는 바꿀 수 없는 현실을 받아들이고, '공사중'인 자신을 인정하고, 완벽주의의 위장을 벗어버리고, 타인의 평가에 나를 맡기지 말며, 자기 위로 기능을 활용하라고 말한다.

이 밖에도 자존감을 높이는 방법들을 이 책에서 자세히 살펴보게 될 것이다. 가장 중요한 것은 자신에 대한 인식과 이해, 그리고 변화할 수 있다는 믿음에 있다. 이 세상에 모든 것은 변화에 열려 있다는 사실을 되새기며 나의 자존감을 더 긍정적인 방향으로 변화해나가자.

자존감은 어떻게
측정할 수 있나?

   한 사람의 자존감은 어떻게 측정할 수 있을까? 학자들은 자존감을 측정하기 위해 설문 형식의 질문지를 주로 사용한다. 그 가운데 로젠버그(Rosenberg)라는 학자가 고안한 자존감 척도가 가장 널리 사용되어 왔다.

   다음은 그의 자존감 척도 속 문항들을 발췌한 것이다. 이 문항들은 4점 척도와 7점 척도로 이루어져 있으며 '정말 그러하다(4점/7점)'에서 '전혀 그렇지 않다(1점/1점)'와 같은 답변으로 점수를 측정하고, 긍정 문항(1, 2, 4, 6, 7)과 부정 문항(3, 5, 8, 9, 10)이 섞여 있다. 부정 문항은 역채점을 하는 방식을 취한다. 그런 뒤 모든 문항의 점수를 합산하고 나누어 평균을 낸다. 이 문항

1. 나는 내가 적어도 다른 사람만큼은 가치 있는 사람이라고 느낀다.

2. 나는 내가 좋은 장점(자질)을 많이 갖고 있다고 느낀다.

3. 대체로 나는 내가 실패자라고 느끼는 경향이 있다.

4. 나는 남들이 하는 만큼의 일을 할 수 있다.

5. 나는 남들에게 자랑스러워 할 만한 것들이 별로 없다.

6. 나는 나 자신에 대해 긍정적인 태도를 지니고 있다.

7. 대체로 나는 나 자신에 대해 만족한다.

8. 나는 나 자신을 좀더 존중할 수 있으면 하고 바란다.

9. 때때로 나 자신이 쓸모없는 존재로 느껴진다.

10. 때때로 나는 내가 전혀 유능하지 못하다고 생각한다.

들에 비춰 내 모습이 어떠한지 살펴보자.

보통 대학생들을 대상으로 하는 자존감 검사에서는 4점 척도인 경우 평균 3점 정도, 7점 척도인 경우 평균 5점 정도로 나타난다. 그러나 어떤 학자들은 이렇게 질문에 의식적으로 답하는 형식으로 개인의 자존감이 얼마나 높은지 제대로 알기 어렵다고 주장하기도 한다. 그들은 우리가 스스로에 대해서 무의식적으로 느끼는 '암묵적 자존감'과 의식적으로 인식하는 '명시적 자존감'을 구분하며, 스스로 자존감이 높다고 의식적으로 생각하고 있는 사람이라도 실제로는 자존감이 낮을 수도 있을 가능성을 시사한다.

예를 들어 이렇게 직접적으로 질문할 때에는 "나는 나를 소중하게 여기는 편입니다"라고 대답한 사람이라도 그 사람이 실제 마음으로 품고 있는 마음과 행동은 그와 다르게 나타날 수도 있다는 것이다. 그래서 학자들은 이렇게 자존감을 질문의 형식으로 측정해 우리의 실제 자존감을 가늠하는 데는 한계가 있음을 이야기하기도 한다.

또한 앞서 자존감의 정의에서 설명한 것처럼 어떤 학자들은 높거나 낮음에 따라 자존감의 긍정적 혹은 부정적 효과를 살펴보는 것에 한계가 있다고 주장하기도 한다. 그들은 자존감이 높은 사람이라도 타인의 반응에 쉽게 흔들릴 수도 있고, 또 때로는 너무 높은 자존감이 관계 속에서 부정적인 영향을 미치는 경우도 있다는 점을 강조한다. 그래서 그들은 자존감의 높낮이뿐만 아니라 자존감의 안정성도 함께 살펴볼 필요가 있다고 말한다.

이처럼 자존감은 쉽게 측정하기도 어렵고, 한 가지 면에서만 판단하기는 어려운 복잡한 면모를 가지고 있다. 따라서 다음 장에서는 불안하고 낮은 자존감의 모습을 일곱 가지로 나누어 구체적으로 살펴보려고 한다.

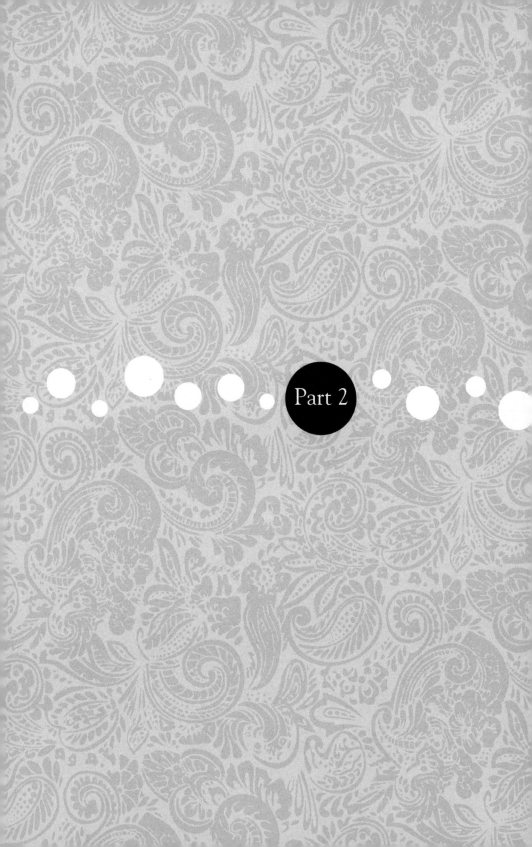

Part 2

낮은 자존감 때문에
힘든 사람들

낮은 자존감의 7가지 증상

의심이
많은 사람

내면에 크나큰 오셀로를 끌어안고 살고 있는 사람들이 있다.
그들은 의심의 문제 때문에 사람들과 좋은 관계를 유지하기 어렵다.

위태로움을 품고 있는 낮은 자존감의 문제

셰익스피어의 4대 비극 가운데 하나인 『오셀로』에는 자존감이 낮은 두 명의 인물이 나온다. 그 중 한 명은 오셀로다. 그는 다른 사람의 말만 듣고 확인해보지도 않은 채, 아내가 자신을 속였다고 확신한다. 그리고 질투와 시기심에 눈이 멀어 근거 없는 생각에 집착하다가 사랑하는 아내를 죽이고 결국에는 모든 것을 잃게 되는 비극을 맞이한다.

이런 그의 의심과 망상, 질투, 그리고 그런 감정의 과잉으로 인해 나타난 결과를 보며 사람들은 그처럼 매사에 의심하고 다른 사람을 쉽게 믿지 못하고, 특히 연인의 정조를 의심하는 사람들에게 '오셀로 증후군(othello syndrome)'이라 이름 붙였다.

'부정망상'이라고도 하는 오셀로 증후군에 빠진 사람들은 자존감이 낮다. 그들은 자신이 충분히 사랑받을 만하고 타인을 믿어도 된다는 사실을 마음으로 받아들이지 못한다. 그러기에 모든 상황에서 의심의 눈초리를 거둬들이지 못하는 것이다.

우리는 『오셀로』를 보며 오셀로만큼이나 자존감이 낮은 인물을 한 명 더 만나볼 수 있다. 바로 오셀로에게 거짓을 말하며, 그와 데스데모나 사이를 이간질하는 데 혈안이 되어 있던 이아고다. 이아고의 눈으로 본 이 세상은 이분법적이며 적대적이다.

세상에는 그저 굽실거리며 평생 충성을 다하는 녀석들도 많지만, 그러다가 주인집 당나귀처럼 멍에를 메고 꼴이나 얻어먹다가 늙으면 내쫓기기 마련이거든. 그런 녀석들은 바보 병신이지. 반면에 충성을 가장하며 주인에게 굽실거리면서 실속은 실속대로 챙겨 주머니가 두둑해진 후 자신에게 충성을 하는 놈도 있거든. 이게 제정신을 가진 축이지. 내가 바로 이런 부류의 하나란 말씀이야.[3]

또한 그는 타인의 행동에 대해서도 언제나 비판적이고 차별적인 시각을 품고 있다. 오셀로를 향한 데스데모나의 사랑에 대해서도 이렇게 판단한다.

> 데스데모나가 언제까지나 무어 놈을 좋아할 리 없지. 그야 무어
> 인 쪽에서도 매일반이겠지. 시작이 맹렬했으니까⋯ 무어 족이란
> 원래 변덕이 심하거든.[4)]

이아고는 공격당하지 않기 위해서는 먼저 공격해야 한다고 믿으며 오셀로의 사랑과 성공을 질투하고 시기한다. 그는 자신이 보기에는 보잘 것 없는 출신이며 흑인 장군인 오셀로가 잘되는 것을 그대로 지켜보고 있지 못한다. 그래서 결국 온갖 간계와 이간질을 통해 오셀로로 하여금 데스데모나가 그를 속이고 출신 배경이 더 나은 백인 장군을 만나고 있다고 믿게 만든다.

이아고의 이간질로 인해 오셀로가 데스데모나를 믿지 않게 된 것은 실로 엄청난 비극이 아닐 수 없다. 왜냐하면 데스데모나는 자신이 가진 모든 특권을 버리면서까지 오셀로에 대한 사랑을 지키고 싶어했고, 부모의 반대에도 흔들리지 않고 자신의 선택을 밀고 나갔기 때문이다.

또한 그녀는 자신을 의심하는 오셀로를 끝까지 원망하지 않으며 한결같은 마음을 보여주기까지 했다. 그녀의 과오라고 한다면 단 한 가지, 아주 사소한 간계에도 흔들릴 만큼 쉽게 불신하

는 낮은 자존감의 문제를 가지고 있던 오셀로를 정인으로 선택한 데 있지 않을까?

이아고의 간계가 있기는 했지만 그 간계에 속아 넘어가 분노 끝에 아내를 죽인 오셀로의 행동 밑에는 그를 괴롭히던 의혹과 낮은 자존감이 흐르고 있었다. 그는 자신의 자존감이 건드려지자 폭발적으로 반응한다. 이처럼 낮은 자존감의 문제는 언제 폭발할지 모르는 휴화산과 같은 위태로움을 품고 있다.

낮은 자존감과 의심병, 오셀로의 증상

내면에 크나큰 오셀로를 끌어안고 사는 사람들이 있다. 그들은 끊임없이 의심한다. 이런 의심 때문에 이들은 사람들과 좋은 관계를 유지하기가 어렵다.

의심병은 표면적으로는 타인과의 관계 속에서 드러나지만 보다 근본적으로는 자기 자신과의 문제에서 비롯된다. 자신에 대해 의심하고 확신할 수 없기에 타인에 대해서도 의심하고 확신할 수 없는 것이다. 의심하느라 사람과 사랑을 믿지 못하는 사람들은 타인은 물론 자기 자신도 못살게 굴기 쉽다.

오셀로는 현재 겉으로는 전쟁에서 혁혁한 공을 세우며 승승장구하고 있는 장군이고, 그를 사랑해주는 아름다운 귀족 출신인 아내도 있다. 하지만 그는 자신의 출신과 배경, 과거를 운운하는 사람들의 의혹을 쉽게 떨치지 못했다. 그는 자신이 이 모든 것을 가질 만한가에 대해서 스스로 의심하고 확신하지 못했을지도 모른다. 그러니 이를 건드리는 사소한 자극에 극적으로 반응한 것이다.

이런 오셀로들은 타인의 호의에 대해서 있는 그대로 받아들이지 못하고, 타인의 질책이나 부정적 평가에 대해서는 실제보다 크게 마음에 담아둔다. 특히 오셀로들은 사랑하는 관계 속에서 힘들어한다. 이들은 좋아하는 사람이 생겨도 쉽게 마음을 열어 표현하지 못하고, 사랑을 시작하면서 설레고 기뻐야 할 순간에도 비극적인 이별과 배신을 상상하며 미리 고민하고 불안해한다.

이들은 사랑을 하면서는 자신에 대한 확신이 적은 만큼 타인의 사랑에 대한 확신도 적다. 그리고 확신이 적은 만큼 자꾸만 타인의 사랑을 확인하려고 든다. 이들은 과도하게 집착하기도 하고 아무것도 아닌 일에 과민반응을 보이기도 한다.

함께 있으면서도 헤어질 것을 두려워하고, 받아들이면서도 버림받을까 봐 불안해하기에 이들은 관계 속에서 쉽게 안정감을 느끼지 못한다. 이러한 모든 것이 스스로를 존중하고 사랑하는 마음이 부족하기에 나타난다.

낮은 자존감과 이간질, 이아고의 증상

자신을 존중하고 사랑할 줄 모르는 사람들은 타인을 존중하고 사랑할 줄도 모른다. 『오셀로』에서 이아고는 세상과 타인을 적대적으로 보며 타인은 물론 자신에 대해서도 존중과 사랑을 베풀지 못하는 인물이다. 그는 자기 내면에 도사리고 있는 이분법적이고 적대적인 마음을 해결하지 못하고 자신의 마음을 타인에게 투사한다.

'투사(projection)'란 방어기제 중 하나로 '자기 안에서 비롯되었으나 스스로 받아들이지 못하거나 보지 못하는 마음을 타인에게서 비롯되었다고 단정 짓는 행위'를 의미한다. 이아고는 자기 안의 약하고 악한 마음의 눈으로 세상과 타인을 본다.

그런 눈으로 본 세상과 타인은 온통 적대적이고 불안해 보일수밖에 없다. 그러니 그는 타인이 자신을 공격하기 전에 자신이 먼저 공격해야 스스로를 지킬 수 있다고 믿는 것이다.

뚜렷한 이유 없이 누군가 미워지고 공격하고 싶어지는 순간 우리의 마음속에는 이아고가 꽉 들어찬다. 그리고 그때 우리는 타인의 마음을 보기보다는 내 마음을 들여다볼 필요가 있다. 나에 대한 사랑과 이해, 타인에 대한 존중과 사랑으로 이아고가 장악하고 있는 마음을 누그러뜨려야 한다.

개개인의 탄탄한 자존감은 개인의 행복과 건강뿐 아니라 좁게는 그 개인과 관계하는 사람들, 그리고 넓게는 인류 전체를 위해 중요한 문제이기도 하다. 인류 역사상 수많은 전쟁과 폭력, 범죄를 일으킨 사람들이 탄탄하고 건강한 자존감을 품고 있었다면, 우리가 기억하고 아파하는 수많은 인류의 비극과 상처는 애초부터 나타나지 않았을지도 모른다.

스스로를 사랑하고 존중하는 사람들은 세상과 타인을 적대적이며 공격할 대상으로 여기지 않는다. 그대신 그들은 갈등이 있던 자리에는 협력이, 미움이 있던 자리에는 사랑이, 그리고 고통이 있던 자리에는 치유가 가능하다는 사실을 안다. 그리고 누군가를 미워하고 이간질 하는 데서 자신이 얻을 것은 결국 아무것도 없다는 사실을 느꼈을 것이다.

일상의 비극이 희극으로

만약 오셀로가 의심하지 않았다면, 이아고가 이간질하지 않았다면 『오셀로』는 비극이 아닌 희극이 되었을지도 모른다. 셰익스피어는 우리 내면에 출렁이는 모든 선과 악의 미묘한 심리를 자신의 글 속에 잘 잡아낸 작가다. 그의 글들은 수많은 세월을 굳건히 견디며 생생하게 살아남아 여전히 우리의 마음을 울린다. 그가 묘사한 그 시대 인물들의 심리는 현대를 살아가는 우리의 마음도 잘 드러내주고 있다.

셰익스피어의 글 속 인물들처럼 우리 역시 의심하고 이간질 하느라 우리의 일상에 잦은 비극을 불러오게 된다. 이 모든 것은 낮은 자존감이 하는 일이다. 우리 안의 오셀로와 이아고를 마주 하는 순간마다 이 비극을 희극으로 전복할 방법을 생각해보자.

나를 사랑하고 존중함으로써 나와 관계한 모든 사람에게 사랑 을 전할 수 있고, 그 사랑은 또 그 사람과 관계한 모든 사람의 마 음을 타고 인류 전체로 퍼져갈 수 있다. 나를 사랑하는 것은 이 처럼 값지고 값진 일이다.

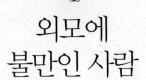

외모에
불만인 사람

외모를 중요하게 생각할수록, 과도하게 외모 귀인을 할수록
우리의 자존감은 위태로워지게 된다는 것을 명심해야 한다.

외출하기 전 거울 앞에서 한숨을 쉬는 사람들

지선 씨는 옷장 속에서 옷을 꺼내 입어보고 이런저런 포즈를 취해본다. 하지만 얼마안가 지치게 된다. 자주 쇼핑을 하지만 언제나 외출할 때가 되면 입을 만한 옷이 없다.

잡지나 광고를 보면 마음이 동해서 화장품을 사고 새 화장품으로 바꿔서 화장법을 익혀봐도 그때뿐이다. 여드름과 뾰루지에 취약한 피부 때문에 피부과도 다녀보지만 역시 그때뿐이다. 다리는 또 어떤가? 짧은 치마를 입기에는 너무 통통하고 못 생겼다. 가장 마음에 안 드는 건 코다. 너무 낮아 화장해도 입체감이 없으니 이를 어쩌면 좋을까 싶다.

공부를 잘하고 성격이 좋아 친구들 사이에서 인기가 많은 선우 씨에게는 그 나름의 고민이 있다. 키가 작고 몸이 왜소하다는 것이다. 그는 리더십도 있고 농담도 잘하는 편이지만 사실 마음 속으로는 자신의 외모가 마음에 들지 않아 괴로울 때가 많다. 특히 소개팅 자리라도 나갈 때면 고민이 더 많아진다.

자신보다 키가 큰 남동생을 보면 괜히 부모님이 원망스러워지기도 한다. 다른 것은 노력 여하에 따라 늘릴 수도, 키울 수도 있지만 키와 몸집을 더 늘리고 키울 수는 없다. 그런 생각을 하며 그는 오늘도 외출하기 전 신발을 신으며 한숨을 쉰다.

신체상이 자존감에 미치는 영향

외모와 관련해서 위축되거나 불만스러운 마음 역시 우리의 자존감에 큰 영향을 미친다. 그리고 이런 마음은 우리의 신체상(body image)과 관련이 깊다.

신체상이란 '우리가 주관적으로 그리고 있는 우리의 몸에 대한 그림과 생각, 느낌'이라고 생각하면 된다. 이런 그림과 생각,

느낌은 다분히 주관적이다. 따라서 객관적으로 멋진 외모를 가진 사람이라도 마음속에 부정적인 신체상을 품고 있을 수도 있다.

신체상이 자존감에 미치는 영향을 알아보기 위해 우리는 다음의 두 가지 관점에서 생각해볼 수 있다.

1. 외모를 얼마나 중요하게 생각하는가?

한 세기도 전 시대의 심리학자인 윌리엄 제임스(William James)는 자존감이 우리의 심리건강에 얼마나 핵심적인 역할을 하는가를 간파했다. 그는 자존감이 우리 스스로에 대한 총체적인 평가이기는 하나 우리가 어떤 면을 얼마나 중요하게 생각하는가에 따라 자존감이 달라진다고 보았다.

예를 들면 피아노를 잘 치는 것을 중요하게 생각하는 사람은 아무리 공부를 잘하고 외모가 출중해도 피아노를 못 친다는 생각에 자신의 가치를 전반적으로 낮게 평가할 수도 있다는 것이다. 그는 이를 '중요성 가설'이라고 불렀다.

이런 중요성 가설에 따르면 지선 씨와 선우 씨의 자존감은 그들이 외모를 얼마나 중요하게 생각하느냐에 따라 오르락내리락하게 될 가능성이 크다. 그들이 외모를 중요시하고 집착하게 될수록 그들의 신체상뿐만 아니라 자존감도 부정적인 영향을 받게 될 수밖에 없다.

2. 외모 귀인을 얼마나 하는가?

외모에 대한 불만과 위축감이 우리의 자존감에 영향을 미치게 되는 또 한 가지 중요한 이유는 '외모 귀인'에 있다. 귀인 (attribution)이란 '○○ 때문이야'라고 원인과 결과를 규명하는 것을 말한다.

사람마다 그들이 사용하는 귀인을 잘 살펴보면 반복적으로 더 자주 사용하는 귀인 패턴이 있다. 사실은 그 이유 때문이 아니거나 혹은 다양한 이유 가운데 작은 부분을 설명하는 이유일 뿐인데 기여도를 더 크게 생각할 수 있다는 것이다.

예를 들어 어떤 사람은 과도하게 능력 귀인을 한다. '내 실력이 그것밖에 안 되어서' 뭔가가 되지 않았다는 이야기를 자주 하는 것이다. 또 어떤 사람은 자신이 잘못한 일에도 상황이나 다른 사람 탓을 한다. '그 애 때문에' 혹은 '그때 상황이 꼬여서' 뭔가가 틀어졌다고 말하는 것이다.

또한 과도하게 외모 귀인을 하는 사람들도 있다. 소개팅이 잘 되지 않아도, 입사 면접에 떨어져도 '외모가 예쁘지 않아서'라고 결론을 내려버리는 것이다. 이런 귀인은 부정적인 상황뿐 아니라 긍정적인 상황에 대해서도 나타난다.

한쪽으로 치우친 귀인은 정확한 상황 판단을 어렵게 할 뿐만 아니라 우리의 자존감에도 해를 입힌다. 특히 외모는 쉽게 변할 수 있는 것도 아니고 각 개인마다, 각 상황에 따라 변덕스런 판단을 내리게 될 수 있기 때문에 외모 귀인을 많이 할수록 우리 마음은 더더욱 불안해진다.

건강한 신체상을 그리자

'중요성 가설'과 '귀인 이론'을 종합해서 살펴보면 우리가 외모를 중요하게 생각할수록, 그리고 과도하게 외모 귀인을 할수록 우리의 자존감이 위태로워진다는 것을 알 수 있다. 그렇다면 우리는 우리의 신체상을 어떤 방식으로 바라봐야 할까?

한 유명한 모델이 이런 말을 한다.

"저는요. 어릴 적부터 거울을 보면서 제 얼굴을 정말 좋아했어요. 제가 정말정말 마음에 드는 거예요. 거울 보면서 '야~ 뭐 이정도면 정말 괜찮게 생겼는 걸' 하면서 좋아했지요."

다른 톱모델들에 비해 작은 키에 작은 눈, 작은 코, 화려하다기보다는 수수하고 소탈한 얼굴. 다른 직업도 아닌 모델을 직업으로 하기에는 난관이 많았다. 더구나 그녀는 서구적인 얼굴을 가진 사람들만 모델로 인정받던 그 시기에 모델 일을 시작했기에 그녀의 신체상이 위협받는 일이 많았다.

그럼에도 그녀는 자신의 외모를 긍정적으로 받아들였고, 무척이나 굳건하고 당당한 신체상을 품고 있었다. 그런 그녀이기에 불확실하고, 주눅 들게만 하는 그 시간을 꿋꿋이 버텨낼 수 있었다.

그녀는 동료 모델들이 먼저 발탁되고 성공하는 시간 동안 자신의 단점이나 못하는 부분을 살피며 절망하는 대신, 장점을 살리고 자신을 개발하는 데 주력했다고 한다.

"남들 한 번에 끝나는 걸 다섯 번을 했으니 저는 워킹 하나는 확실히 했죠. 그리고 거기에 있는 패션 잡지란 잡지는 다 꿰뚫고 있으니 모르는 사이에 지식이 쌓인 거예요. 누가 질문하면 전문가들도 헷갈려하는 것을 바로바로 '어 그거!' 라고 대답해줄 수 있을 만큼 말이에요."

게다가 그녀는 동양적인 외모를 단점으로 생각하지 않고 자신의 특징으로 살려 그런 외모를 선호할 수 있는 디자이너의 눈에 들기 위해 노력했다. 그런 노력과 꿈은 우연히 찾아온 기회와 함께 빛을 발하게 된다. 패션의 트렌드가 바뀌어 동양적인 외모가 각광을 받고 천편일률적인 아름다움보다는 개성이 빛나는 시기가 찾아온 것이다.

꿋꿋하고 명랑하게 자기 꿈을 키워온 그녀는 이제 많은 사람들이 알아주는 톱 모델이 되었고, 모델뿐만 아니라 음악을 만드는 일, 책을 쓰는 일에도 두각을 나타내며 항상 새로운 시도를 하는 예술가로 지금도 성장하고 있다. 우리나라의 대표적인 모델, 장윤주 씨의 이야기다.

"어렸을 적부터 자신의 몸이 매우 마음에 들었다"는 그녀의 말 속에서 우리는 건강한 신체상의 모습을 엿볼 수 있다. 또한 이런 건강한 신체상을 바탕으로 내가 나 자신을 소중히 여기고 사랑할 때 나타나는 긍정적인 효과가 무엇인지도 그녀의 삶을 통해 볼 수 있다.

건강한 신체상과 탄탄한 자존감을 갖추고 있을 때에 우리는 어떤 꿈을 펼치는 데도 큰 두려움이 없다. 내가 나 자신을 사랑하면 세상이 나를 알아주지 않고 나의 현실적 모습이 초라할지라도 미래의 내 꿈에만 집중하며 명랑하게 준비하고, 겸허하게 기다릴 줄 알게 된다.

반면 내가 나 자신을 사랑하기 어려울 때에 우리는 세상의 작은 뒤틀림도 크게 느끼게 된다. 그럴 때 겉으로 보기에는 모든 것이 잘 되어가고 있는 것 같아도 속으로는 까맣게 타들어가는 의구심과 외로움에 힘들어진다. 그래서인지 타인의 시선과 사랑을 받는 직업을 가진 사람들 중에 마음이 힘든 사람이 오히려 더 많기도 하다.

내가 나를 사랑한다는 것은 나 자신을 온전한 사람, 실수하고 부족한 점이 있을지는 몰라도 그래도 있는 그대로 멋진 사람이라고 생각하고, 스스로를 괜찮고 소중하다고 느끼는 것을 의미한다. 그런데 우리는 살면서 그런 생각과 느낌을 가지기 어렵다고 얼마나 자주 느끼는가? 혹은 이미 가졌다 해도 그것을 지켜내기가 얼마나 어려운가?

외면이 아닌 내면을 멋지게 디자인하자

겉으로 보기에는 당당해 보이지만 속으로는 약한 사람도 많고, 낮에는 화려했으나 밤에는 홀로 외롭게 하루를 마감하는 사람도 있으며, 어떤 날에는 조그만 일에 하늘을 날아오를 것 같았다가도, 또 어떤 날에는 사소한 생각에 우울의 나락으로 떨어지는 사람도 많다.

이 모든 심란하고 우울한 마음을 의연히 건너가고, 내적 가치를 세차게 흔드는 외적 가치에 휘둘리지 않기 위해서는 내 마음 한복판에 '나 스스로를 아름답게 보는 신체상'의 그림을 잘 그려두는 것이 중요하다. 누군가의 말 한마디에 한순간 반짝 좋은 것도 다른 사람은 생각하지 않고 자기 자신만을 생각하는 것도 아닌 그저 나를 소중히 여기며 사랑하고, 또 자신을 사랑하는 그만큼 타인도 소중히 여기며 사랑할 줄 아는, 그런 아름다운 그림 말이다.

혹시 허벅지가 너무 두꺼운 것 같아서, 키가 너무 작은 것 같아서, 얼굴에 여드름이 너무 많이 나서 힘든 마음을 안고 있는가? 그렇다면 내가 외모에 너무 중요한 가치를 부여하고 있는 것은 아닌지, 외모 귀인을 습관적으로 반복하고 있는 것은 아닌지 잘 살펴보자.

외모가 중요하지 않은 것은 아니다. 그리고 분명 외모 때문에 나타나는 일도 있긴 있다. 그러나 겉으로 보이는 것이 전부는 아니다. 우리 외면의 디자인에 고심하기 전에 내면의 디자인은 어떻게 되고 있는지 먼저 살피자. 그리고 사실 건강하고 사랑이 넘치는 마음은 외면에도 드러나 우리를 더 아름답게 만들어주기 마련이다.

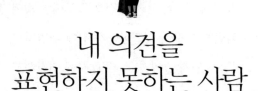

내 의견을
표현하지 못하는 사람

적절한 '자기 주장성'은 자존감을 올려주는 중요한 요소다.
탄탄한 자존감을 가진 사람만이 적절하게 자기 주장을 한다.

적절한 자기 주장성이 자존감을 올려준다

라디오 광고를 듣다 보니 옷가게에 들어가 쩔쩔매는 한 남자
의 이야기가 들려온다. 그는 매장 판매원이 권하는 옷을 입어보
았지만 거울 앞에 서서 살펴보니 별로 마음에 들지 않았다. 그런
데 판매원은 그를 보며 호들갑스럽게 말한다.

"어머, 손님! 정말 잘 어울려요. 요즘 같은 때에 딱이에요. 이
거 사시면 되겠다."

그는 그 말에 반박하고 싶지만 그저 작은 목소리로 "아이, 마음에 안 드는데…"라며 혼잣말을 할 뿐이다.

그 남자의 이야기가 재미있는 이유는 우리 모두 한 번쯤은 이런 경우가 있기 때문일 것이다. 어떤 사람은 대부분의 상황 속에서 타인의 말에 반박하고 싶을 때에도 똑 부러지고 합리적으로 반응을 하지만, 또 어떤 사람은 자신의 의견이나 느낌을 잘 말하지 못한다.

제목과 작가는 잊어버렸지만 외국에서 접한 단편소설 중에 이런 자기 주장성을 펼치지 못해 고생하는 한 작가의 이야기가 있다. 그는 글을 써서 겨우겨우 먹고살고 있는 젊은 신인 작가다. 지금으로 치자면 월세를 근근이 내며, 편의점 김밥으로 대충 끼니를 때우고, 철 지나도 새로운 옷을 사는 호사를 누리지 못할 정도로 궁핍하고 남루하게 하루하루를 살아간다.

그런 그에게 한 여성독자가 저녁을 함께하자고 청했고, 그는 이에 응하는 실수를 저지르고 만다. 상대가 누구인지 몰랐고 그는 여자와의 데이트에는 무조건 남자가 밥을 사야 한다는 그 시대의 암묵적 '데이트 스크립트(date script, 정형화된 데이트의 규칙)'에 따라야 할 수밖에 없다고 생각했다.

그런데 그는 이내 상대를 잘못 골랐다는 사실을 알게 된다. 그 여자는 최고급 레스토랑에서 밥을 먹자고 청하더니 끊임없이 먹는다. 그것도 최고급으로만 시켜 먹고 계속해서 주문을 추가한다. 게다가 그러면서도 자신은 조금밖에 안 먹는다는 말을 반복해서 한다. 그는 그녀가 메뉴판을 볼 때마다 또 시킬까봐 가슴이 철렁 내려앉는다.

그는 속으로 진땀을 흘리며 앞으로 몇 달간 어떻게 살아야 하는가를 계산하고 또 계산하지만 그녀에게는 어떠한 말도 하지 못한다. 그녀에게 잘 보이고 싶어서라기보다는 자기 주장성이 부족한 사람이었기 때문이다. 그는 결국 한 끼의 저녁식사로 인해 몇 달 동안 굶어야 했다.

이 이야기는 자기 주장성이 부족한 우리 안의 소심한 심리를 매우 흥미롭게 그리고 있다. 이 단편소설 속에서 주인공 남자는 자신의 호주머니 사정이 어렵고 불편하면서도 저녁식사 초대를 쉽게 거절하지 못했다. 그리고 이를 시작으로 그는 그녀와 데이트하며 마치 혼을 빼앗기듯 자신의 생활비마저 탕진하기에 이른다.

또한 라디오 광고 속의 남자는 물건을 사고 싶은 마음이 없음에도 적절히 싫다고 말하지 못하면 결국 주변의 강권에 못 이겨 옷을 사게 될 수도 있다. 이 모든 것이 자기표현을 적절하고 솔직하게 하지 못했기 때문에 나타난다.

다른 사람들과의 관계 속에서 우리 역시 이와 비슷한 모습을 보일 때가 있다. 적절한 시점에 "안 된다"고 거절하거나 "그러면 곤란하다"고 선을 긋거나 "나는 이것을 원한다"고 표현하지 못하면 이 소설 속 주인공처럼 큰 손실을 입게 된다. 그리고 그 손실은 금전적일 뿐만 아니라 심리적이기도 하다. 자기 주장을 적절히 하지 못한 자신에 대해 자책하며 스스로에 대한 가치감이 낮아지기 때문이다.

적절한 '자기 주장성'은 자존감을 드러내고 자존감을 올려주는 중요한 요소다. 또한 탄탄한 자존감을 가진 사람만이 적절하게 자기 주장을 할 수 있다.

그렇다면 '자기 주장성'이란 어떤 것이고, 이는 자존감과 어떤 관계가 있을까?

자기 주장성과 자존감의 관계

'자기 주장성(assertiveness)'이란 자신의 생각과 느낌, 의견을 명확하고 적절히 표현하는 능력을 말한다. 예를 들어 레스토랑에서 밥을 먹는데 여러분이 주문한 음식이 조금 탔다고 하자. 그러면 여러분은 어떻게 대처하겠는가? 혹은 친구가 나에게 어떤 이야기를 했는데 명백히 틀린 말이었고 여러분의 마음이 불편해졌다고 하자. 그러면 여러분은 어떻게 하겠는가?

자신의 의견을 죽이고 착하게 배려해야 한다는 생각에 얽매여 있다 보면 적절히 항의하거나 시정하기를 요구하지 못하고 속으로 참게 될 가능성이 크다. 자기 주장성을 펼치기가 어려워지는 것이다. 타인의 잘못을 꼬집고 시정해줄 것을 요구하거나 감정을 표현하기보다는 오로지 갈등을 회피하고 관계를 유연하게 보이도록 만드는 데 집중하게 되는 것이다.

적절한 자기 주장을 하기 위해 알아야 할 두 가지

자기 주장성은 자존감을 표현한다. 자기 주장성이야말로 한 사람의 자존감을 드러내는 척도이자 자존감을 높여주는 도구라고도 할 수 있다.

만약 여러분이 남들 앞에서 마음 편히 자기 주장을 못할 때가 많다면 자존감을 점검해보고 다음 두 가지를 꼭 기억할 필요가 있다.

1. 자기 주장성은 모든 사람이 가진 선천적 특성이다

무언가 자신의 뜻대로 되지 않았을 때 우는 아이의 모습을 유심히 살펴보자. 자지러지게 우는 그 모습을 유심히 살펴보면 아주 작은 아이들조차 자신의 의견과 욕구를 온몸으로 표현하고 있다는 것을 알 수 있다.

이와 관련해서 코헛(Kohut)이라는 심리학자는 아이들이 이렇게 자지러지게 우는 것을 '격노'라고 표현하고, 이렇게 '격노' 하는 모습이 나타나는 이유는 자기 주장성이 깨졌기 때문이라고 설명한다. 그는 이럴 때 아이들에게 필요한 것은 '공감적 반응' 이라고 말한다. 아이들이 자지러지게 울 때에는 이런 아이들의 좌절된 마음을 옆에서 어르고 달래주는 타인의 반응이 필요하다 는 것이다.

우리는 모두 한때 이렇게 작은 아이였던 적이 있다. 모두 이런 과정을 거쳐 자신이 처한 환경 속에서 자기 주장을 하는 방식을 보다 성숙하고 세련되며 합리적으로 길러왔을 것이다.

그러나 우리의 자기 주장성이 자주 깨지고, 그럴 때 우리가 필요로 하는 공감적 반응을 얻지 못했다면 우리는 그저 격노를 반복한다. 그러다가 적절한 자기 주장을 하는 법을 배우기보다는 잘못된 방식으로 자기 주장을 하게 되거나 우리의 욕구와 의견, 좌절된 마음을 표현하기 두려워하게 되는 것이다.

이처럼 자기 주장은 선천적으로 타고나는 특성이지만 자라온 경험과 환경에 따라 다르게 연습되고 준비된다는 것이다. 우리 가 지금 자기 주장을 못하고 있다고 해도 자기 주장성이 본래부 터 없었던 것은 아니라는 것이다. 그러니 평소에 자기 주장을 하 지 못하고 살아왔다면 이제부터라도 자기 주장성을 연습하고 갈 고 닦을 필요가 있다.

2. 자기 주장성은 공격성과 다르다

어떤 사람은 자기 주장성과 공격성 간의 차이를 잘 이해하지 못하고 자기 주장을 해야 한다는 생각에 공격적으로 반응하기도 한다. 그러나 자기 주장성과 공격성은 완전히 다른 개념이다.

자기 주장성이 확고하다는 것은 타인의 의견은 존중하되 자신의 의견을 흔들림 없이 펼칠 수 있다는 것을 의미한다. 반면에 자신의 뜻대로 되지 않을 것 같은 때나 자신의 뜻대로 되지 않을 때, 공격적인 반응을 보이는 것은 적절한 자기 주장성이 아니다. 또한 공격성이 강한 사람들은 주장을 강하게 해서 관철시키는 것을 목표로 삼는다. 자기 주장성을 가진 사람들의 대화 목표가 표현과 소통이라면 공격적인 사람들은 관철과 강요를 목표로 대화한다.

우리가 자기 주장성을 펼치지 못하다 보면 다른 사람에게 수동 공격적으로 대하게 되기도 한다. 수동 공격성이란 불만이나 불편한 감정이 생길 때 이를 직접적으로 표현하지 않고 에둘러서 손해를 입히는 것을 말한다. 수동 공격성을 가진 사람들은 겉으로 보기에는 다른 의견이나 불만이 없는 것처럼 보이지만 속으로는 다른 의견과 불만이 들끓고 있다.

이런 마음이 제대로 표현되지 못해 오히려 억눌린 듯하고, 이런 상황 속에서 무기력감과 혼란감을 느낄 때 우리는 좌절하며, 이런 감정을 불러일으킨 대상에게 분노하게 된다. 있는 그대로

소극적 · 공격적 · 주장적 자기표현의 행동 특징, 감정, 결과

구분	소극적(비주장적) 자기표현	공격적 자기표현	주장적 자기표현
행동 특징	• 타인의 입장만 배려함 • 타인이 자기의 욕구와 인권을 침해하도록 허용함 • 자기의 욕구와 권리를 솔직하게 표현하지 못함(자기 부정적)	• 자기의 입장만 배려함 • 타인의 욕구와 인권을 무시하고 희생시킴 • 자기의 욕구를 성취하기 위해 과격한 표현을 함(자기 본위적)	• 자기의 입장을 배려하되 타인의 권리와 인격을 존중함 • 자기의 욕구를 성취하되 타인의 권리를 침해하지 않음(자기 향상적)
감정	• 자신에 대한 실망과 자책 • 상대에 대한 원망과 증오	• 처음엔 승리감과 우월감, 다음엔 죄의식	• 자기 존중감
결과	• 자신의 욕구를 성취하지 못함 • 대인관계가 소원해짐	• 자신의 욕구를 성취함 • 상대방에게 분노, 복수심을 심어주고 관계가 파괴됨	• 자신의 욕구를 성취함 • 상호 존경

공격성을 드러낼 수는 없기 때문에 험담하는 것과 같은 간접적인 방식으로 그 사람을 해치고 싶어하기도 하는 것이다. 이런 수동 공격성은 우리의 마음이 적절한 방식으로 표현되는 것을 막음으로써 결국에는 우리 마음을 더 힘들게 만든다.

위의 표는 홍경자 교수의 『자기 주장의 심리학』에서 인용[5]한 것이다. 소극적(비주장적) 자기표현과 공격적 자기표현, 주장적 자기표현의 차이를 알아보고, 내가 어떤 방식으로 자기표현을 하고 있는지 곰곰이 살펴보자.

표현할수록 높아지는 자존감

앞서 이야기한 그 단편소설 속 남자는 결국 유명한 작가가 된다. 그리고 오랜 시간이 지난 뒤 다시 그 여자와 마주하게 되었다. 그는 자신을 곤혹스럽게 만들었던 그 여자가 살이 많이 찐 것을 보며 마음속으로 쾌재를 불렀다. 소심한 복수인 셈이다.

그러나 이렇게 많은 시간이 흐른 후에야 마음속으로 소심한 복수를 하는 것보다 더 시원하고 합리적으로 자기 표현을 하는 것이 우리에게는 더 중요하다. 그때그때 할 말은 하고, 거절할 때는 거절하고, 그러면서도 찜찜해하거나 불편해지지 않아야 우리는 더 건강하고 행복해질 수 있다. 혹시 '나는 본래 소심해서'라든가 '그냥 참고 말지' 하면서 마음속에 뭉클뭉클 올라오는 감정을 표현하지 않고 있다면 한번쯤 우리의 삶을 돌아보자.

예전에 알던 어떤 사람은 적절한 시기에 거절하지 못해서 주변 사람들의 일까지 자주 떠맡아하며 힘들어했다. 그러던 그는 단 한 번 자기 주장을 하고 많은 변화를 경험했다. 그는 참다못해 "자신에게 너무 많은 일이 주어진다"며 "더이상은 못 맡겠다"고 표현했는데, 주변 사람들이 깜짝 놀라며 그의 일을 줄여주었다고 했다. 그는 이를 계기로 주변 사람들이 자신을 못살게 군 것이 아니라 자신이 표현하지 않음으로써 자신을 못살게 굴도록 스스로 허용한 면이 있었다는 것을 깨달았다고 했다.

'다 알겠지'라고 생각하며 자기 주장을 하지 않는다면 서로 간의 의사소통에는 균열이 가기 쉽다. 너와 나의 마음이 다르고, 어제 마음과 오늘의 마음이 달라지기에 우리는 시시각각 자신의 마음을 표현할 필요가 있다.

어떤 표현 앞에서 주저하며 머뭇거리는 자신을 발견하게 된다면 반드시 기억하자. 자기 주장성은 우리의 자존감을 표현하고, 그 표현을 통해 우리의 자존감을 더욱 단단하게 해주는 중요한 심리적 개념이라는 것이다.

자신의 진가를
모르는 사람

다른 누군가의 기준으로 자신을 바라보며 상심하기보다는
자기 안의 빛나는 백조를 연마시키며 꾸준히 노력해야 한다.

자신을 타인의 기준에 견주어 비교하는 나

껍질을 깨고 세상 밖으로 나온 오리들 가운데 유난히 크고 보기 싫은 외모를 가진 오리 새끼 한 마리가 태어난다. 다른 오리들보다 두드러진 외모를 가지고 있는 데다가 무언가를 가르쳐줘도 오리답게 잘해내지 못하는 모습을 본 다른 오리들은 그를 못살게 군다.

구박을 받고 힘들어서 농가에서 뛰쳐나오지만 숲 속의 작은 새들도, 고양이와 닭도 모두 그를 놀려댄다. 그가 전혀 오리답지 않기 때문이다. 그는 남들보다 더 오랜 혹독한 성장통을 거쳐야 했다. 그렇게 성장한 뒤 화려하게 변한 그의 모습을 보고 나서야 우리는 그가 오리답지 않았던 이유를 알게 된다. 그는 오리가 아닌 백조였기 때문이다.

작가 안데르센의 자전적 동화로도 알려진 『미운 오리 새끼』는 우리가 오리의 관점으로 백조인 자신을 바라보고 있지는 않은지, 혹은 백조의 관점으로 오리인 자신을 바라보고 있지는 않은지를 묻고 있다. 백조의 특성과 잠재력을 가진 사람들이 오리의 특성과 능력만을 강조하고, 그 점에만 비추어 자신을 바라보게 된다면 그들은 행복해지기 어렵다. 그리고 그들이 자신을 타인의 기준에 견주어 비교하거나 현실적이지 않은 기준에 비추어 자신을 바라보게 된다면 의욕을 품고 자신을 갈고닦아 나아가기가 어려워질 수밖에 없다.

실제적 자기와 이상적 자기 간의 간극

미운 오리 새끼 시절, 그는 낮은 자존감에 시달린다. 그는 스스로를 미운 오리 새끼라 규정하고, 자신과 다를 수밖에 없는 형제들과 자신의 모습을 끊임없이 비교한다. 그의 기준이 비현실적이거나 전혀 그답지 않는 한, 그는 언제까지나 미운 오리 새끼에 지나지 않는다. 그리고 그는 타인과 나, 이상적으로 생각하는 자신의 모습과 현실적으로 나타나는 자신의 모습 간의 불일치와 간극으로 인해 하루하루가 힘겹다.

히긴스(Higgins)라는 학자는 우리가 경험하는 불일치가 우리의 심리에 어떤 영향을 미치는가에 대한 연구를 했다. 그는 "나는 이래"를 나타내는 '실제적 자기(actual-self)'와 "나는 이래야 해"를 나타내는 '이상적 자기(ideal-self)' 간의 괴리가 우리를 힘들게 한다고 보았다.

어떤 사람은 충분히 잘해내고 있고, 객관적으로 따져보자면 다른 사람들보다 사정이 낫다. 그는 한 분야에 탁월한 능력을 보이고, 좋은 집에서 좋은 대접을 받고 있으며, 하는 일마다 잘된다. 그럼에도 그는 스스로에 대해 만족하지 못하고 자신의 삶이 무가치하다고 여긴다. 자기 스스로를 미운 오리 새끼처럼 여기는 것이다.

그런 사람들의 마음을 잘 살펴보면 이들이 가진 '잘하고 좋고 괜찮은 정도'에 대한 기준이 매우 높다는 것을 알게 된다. 단순히 높은 기준을 가진 것이 아니라 그 기준에 비해 자신이 지각하는 현실적인 자신의 모습이 큰 차이를 보인다는 사실은 이들을 힘들게 한다. 이들은 이상적으로 높거나 비현실적인 기준과 다분히 현실적인 자신의 모습 간의 불일치를 인식하고 받아들이는 것이 어렵다. 불일치는 이들의 자존감과 자존심을 건드린다.

　반면에 다른 어떤 사람은 처한 상황도 좋지 않고, 기댈 만한 능력이나 배경도 볼품없다. 운도 따르지 않아서 공들여 하는 일마다 실패와 실수투성이다. 그럼에도 그는 자신의 가치에 대한 믿음과 삶에 대한 만족감, 그리고 희망을 쉽게 버리지 않는다.

　그는 다만 현실에 바탕을 두어 기준을 세우고 자신이 할 수 있는 한 최선을 다한다. 다른 누군가의 기준으로 자신을 바라보며 상심하기보다는 자기 안의 빛나는 백조를 연마시키며 꾸준히 노력하는 것이다. 또한 그는 이상적 자기의 모습과 현실적 자기의 모습 사이에는 언제나 불일치하는 면이 있을 수밖에 없다는 사실을 받아들이고, 자신의 가치에 대한 확고한 믿음 위에 이상적 자기를 현실 위에서 구현하기 위해 필요한 끈기를 발휘한다.

더 나은 나로 발전해나가기 위해

　누구나 전자이기보다는 후자처럼 비교하지 않고 흔들리지 않으며 살고 싶다. 그러나 우리가 바라마지 않는 이상적 자기와 우리에게 실제로 나타나는 현실적인 자기 사이에는 언제나 차이가 있을 수밖에 없다.

　그리고 때로는 이런 차이가 있기에 스스로를 더 나은 방식으로 발전시키고자 애쓰기도 한다. 또한 타인의 모습에 자극을 받아 더 열심히 살게 되는 계기로 삼기도 한다.

그렇다고 해도 차이를 그대로 수용하는 일은 쉽지 않다. 그렇다면 우리가 이런 불일치를 마주치더라도 흔들리지 않고 있는 그대로의 내 모습을 받아들이는 동시에 나 자신을 더 멋지게 만들어나아가기 위해서는 어떤 마음 자세가 필요할까? 다음의 두 가지 마음 자세를 기억하자.

1. 현실적 모습과 이상적 모습을 보다 구체적으로 그리자

자기 안의 불일치로 인해 힘들어하는 사람들의 마음을 잘 들여다보면 이들은 대개 자신의 현실적 자아는 물론 이상적 자아의 그림도 모호하게 가지고 있는 경우가 많다. 자신의 현실에 대해서는 부정적인 선입견으로 가득 찬 가혹한 평가를 하면서도 스스로가 냉정하고 객관적인 시각을 가지고 있다고 착각하기도 하고, 자신의 이상에 대해서는 매우 모호하고 비현실적인 그림을 가지고 있는 경우도 많다.

우리를 둘러싼 모든 모호함은 우리의 이성을 마비시키고 감성을 압도하기 쉽다. 그러니 우리는 우리를 흔드는 모호함을 구체적인 그림으로 바꾸기 위해 매일 같이 모호해지는 우리의 테두리를 새로 그릴 필요가 있다.

앞서 설명한 윌리엄 제임스의 '중요성 가설'은 우리가 우리의

74

자존감을 탄탄하게 하기 위해 모든 것을 살필 필요는 없다고 말해주고 있다. 그러니 자존감이 흔들릴 때마다 지금 이 순간 내가 중시하는 어떤 면을 갖추지 못해 힘들어지는 것인지 스스로에게 구체적으로 물어보자.

이때에는 지금 내 모습과 내가 원하는 내 모습에 대한 매우 구체적이고도 다양한 관점에 기반을 둔 평가가 필요하다. 비현실적이고 모호한 이상을 세워놓고는 원하는 모습을 이루지 못했다고 절망하기보다는 '우리의 이상에 현실적인 면이 있는지', 그리고 '우리의 현실이 어떤 면에서 이상과 다른지'를 냉철하게 분석하는 시간을 갖는 것이 필요하다. "난 안 돼"라고 모호하게 단정짓기보다는 "어떤 면에서는 안 되는데 앞으로 무엇인가를 해볼 필요가 있어"라고 구체적으로 규명하자는 것이다.

2. 모든 것을 결과가 아닌 과정으로 받아들이자

불일치에 힘들어하는 사람들의 중요한 특성 가운데 하나가 '결과 지향성'이다. 이들은 순간순간 드러난 과정을 결과로 단정 짓고는 쉽게 자괴감을 느끼며 포기한다.

그런데 이런 '결과 지향성'은 결과를 이루는가, 그렇지 않은가 여부에 상관없이 스스로를 볼품없이 여기게 하고 삶을 행복하게 살기 어렵게 만든다. 우리의 삶은 결과의 합이 아닌 과정의 합으로 이루어지기 때문이다.

결과라고 생각했던 일조차 자세히 살펴보면 모두 과정이다. 그리고 결과가 나오지 않았다고 규정지은 일조차 돌아보면 어디론가 향해가는 과정일 뿐이다. 그러니 지금 이 순간을 과정으로 받아들이지 못하면 우리 삶의 모든 순간이 곤혹스럽게 다가오고, 우리는 결코 우리에게 주어진 삶을 즐길 수가 없다.

우리는 모두 백조의 잠재성을 안고 태어났다

동화 『미운 오리 새끼』는 해피엔딩으로 끝난다. 우리는 이야기 말미에 스스로가 미운 오리 새끼가 아닌 모든 새들 중에서 가장 아름다운 새라는 것을 발견한 백조의 행복한 비명을 듣게 된다.

또한 스스로를 미운 오리 새끼로 여겼던 동화작가 안데르센이 유한한 삶의 시간을 견디는 불후의 명작을 남긴 작가로 우리에게 기억되고 있다는 사실 역시 우리에게 큰 감동을 준다. 그 역시도 백조의 잠재성을 안고 태어났지만 스스로를 볼품없이 여기며 힘들어하던 시기가 있었던 것이다.

착한 마음씨를 가진 그 백조는 교만하지 않게 그 동안 자신이 당해온 서러움과 비웃음을 되새겼습니다. 그러나 이제는 모든 새들 중에서 가장 아름다운 새라는 소리를 듣게 되었습니다. 라일락

나무가 그 백조를 향해 가지들을 굽히고, 해님은 따뜻하게 비추었습니다. 그때 그 백조의 깃털들이 쏴쏴 소리를 냈으며, 늘씬한 목을 쭉 뻗었습니다. 백조는 너무 행복해서 외쳤습니다. "내가 미운 오리 새끼였을 때, 나는 이렇게 큰 행복은 꿈꾸지도 않았어."[6]

이런 미운 오리 새끼의 이야기는 모든 것은 진행중이며 얼마든지 변경될 수 있다는 것을 보여준다. 비록 지금 이 순간에는 초라하고 남루해 보일지라도 언젠가는 반짝반짝 빛날 잠재력이 내 안에 있다. 흔들리는 자존감 때문에 고민하게 되는 순간마다 우리는 모두 그 사실을 결코 잊어서는 안 된다.

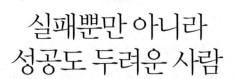

실패뿐만 아니라
성공도 두려운 사람

실패는 나 자신과 삶에 대한 전반적인 태도를 살펴보고
배울 수 있는 중요한 배움의 계기가 된다는 것을 기억하자.

사람마다 제각기 모두 다른 상황해석방식

진아 씨와 윤지 씨는 같은 학교, 같은 과에 다니는 대학 동기
다. 그들은 한두 살 터울로 자주 같이 수업을 들으며 친하게 지낸
다. 그런데 그들이 학업 성취에 대해 가진 생각은 매우 다르다.

먼저 진아 씨를 보자. 중고등학교 시절에 공부를 잘했던 그녀
는 결정적으로 수능시험을 잘 치르지 못해서 재수를 했다. 또한
재수 후에도 좋은 대학에 들어가지 못했다는 생각에 괴로웠다.

결국 어렵게 편입 시험을 치러 지금의 대학에 들어갔지만 그녀는 이 모든 상황을 실패라고 받아들인다.

그러다 보니 그녀는 다른 사람들에게 재수하고 편입했다는 사실을 말하기 꺼려하고 취직할 때도 편입생은 차별받을 것 같다는 생각에 마음이 편치 않다. 다른 사람보다 늦었다는 생각에 매여 하고 싶은 일이 있어도 선뜻 하지 못하고 있다.

윤지 씨 역시 진아 씨처럼 재수하고 편입한 끝에 이 대학에 들어왔다. 그러나 학업 성취에 대한 생각은 진아 씨와 완전히 다르다. 그녀는 자신이 끝까지 노력한 끝에 한 계단, 한 계단 올라 지금 그 자리에 있을 수 있게 되었음을 뿌듯하고 감사하게 여긴다.

그러하기에 누군가가 대학에 대해 물으면 그녀는 기쁘게 자신의 경험을 이야기한다. 게다가 그녀는 진아 씨처럼 '난 벌써 1년 이상 뒤쳐졌는데'라는 생각에 머뭇거리기보다는 하고 싶은 게 있으면 열성적으로 한다.

이들의 상반된 모습은 상황을 해석하는 방식이 저마다 다른 우리의 모습을 대변한다. 어떤 사람은 진아 씨처럼 자신의 상황에 쉽게 '실패'라는 이름을 붙이고 좌절하며, 그 후 자신의 행동에 제한을 둔다. 반면에 어떤 사람은 윤지 씨처럼 그 어떤 상황에서도 섣불리 '실패'라는 이름을 붙이지 않는다. 이들은 왜 이런 큰 차이를 보일까?

실패내성과 자존감

학자들은 이러한 우리의 특성을 보며 '실패내성(failure tolerance)'이라는 개념을 제안한다. 실패내성이란 말 그대로 실패를 견디고 일어서는 힘을 말한다. 실패는 그저 목표한 바가 달성되지 않는 것이 아닌, 나 자신과 삶에 대한 전반적인 태도를 살펴보고 배울 수 있는 중요한 배움의 계기가 된다. 우리는 실패에 대해 건설적으로 반응하기도 하고 건설적이지 못한 방식으로 반응하기도 하는데, 실패에 대한 우리의 반응이 어떠한가는 우리 내면의 진가를 보여주는 중요한 척도가 된다.

학자들은 이런 실패내성이 우리들의 성취·관계·학업·행복·건강에 중요한 영향을 미친다는 것을 연구를 통해 밝혔다. 또한 실패내성은 우리의 자존감과도 긴밀한 관련이 있고, 자존감에 큰 영향을 미친다.

안정적이고 높은 자존감을 가진 사람들은 실패내성도 안정적이고 높다. 실패에 걸려 넘어지기보다는 실패를 발판삼아 더 높이 뛰어오를 기회를 찾을 줄 안다. 반면에 불안정하고 낮은 자존감을 가진 사람들은 작은 실패에도 세상 모든 것이 무너진 듯한 반응을 보인다.

우리는 모든 일에서 성공할 수도 없고, 객관적으로 보았을 때 우리 삶에 성공보다는 실패가 더 많을 수도 있기 때문에 실패에 대비한 마음의 내성을 기를 필요가 있다. 그렇다면 우리는 실패를 어떻게 받아들여야 할까?

성공과 실패, 상황을 받아들이는 우리의 방식

앞서 진아 씨와 윤지 씨의 차이를 생각해보자. 이들이 자신의 상황을 받아들이는 방식에는 큰 차이가 나타난다. 우리는 이들 가운데 지금 행복한 사람도, 그리고 앞으로 꾸준히 노력해서 자신이 원하는 바를 이룰 사람도, 힘에 부칠 때면 다른 사람에게 도움을 받을 가능성이 가장 큰 사람도 윤지 씨라는 점을 쉽게 알 수 있다. 자신의 상황을 바라보는 데 있어 방점을 찍는 지점이 다르기 때문이다.

진아 씨는 시험을 여러 번 다시 치러야 했다는 점에 방점을 찍고 '실패'라 규정하지만, 윤지 씨는 그 과정 끝에 결국 합격해냈다는 점에 방점을 찍고 이를 '성공'이라 규정한다. 윤지 씨의 이런 관점은 실패를 딛고 일어난 위대한 인물들이 성공과 실패를 받아들이는 방식에 가깝다.

일례로 미국의 대통령인 링컨의 삶을 보자. 돌아보면 그의 삶은 수많은 실패와 좌절로 점철되어 있다. 그는 어린 시절부터 지독한 가난에 시달렸고, 공부하고 싶어도 못하고 초등학교를 중

퇴할 수밖에 없었다. 구멍가게를 열었지만 파산해 빚더미에 시달렸고, 결혼 생활도 불행했다. 게다가 의원직에 나갈 때마다 낙선했다. 심지어는 대통령이 되고 나서도 상황이 어려워 대통령으로서 존중을 받지 못했다.

그러나 링컨은 이 모든 것에 '좌절'로 반응하지 않고 끝까지 자신의 가치를 믿고 자신이 원하는 방향으로 밀고 나갔다. 그랬기에 그는 결국 후대 사람들에게 존경받으며 성공하는 삶을 산 역사의 리더가 되었다. 그의 삶은 우리가 실패를 규정하고 실패를 바라보는 방식이 어떠해야 하는가를 잘 보여준다.

자존감이 낮은 사람은 성공조차 두려워한다

'성공공포(fear of success)'라는 말을 들어본 적이 있는가? 미국의 학자 호너(Matina Horner)는 1960년대 여성들이 경험하는 성취에 대한 혼란감에 관심을 가졌다. 그녀는 사람들에게 뛰어난 성취를 보이는 의대의 수석 남학생과 수석 여학생에 대한 이야기를 들려준 뒤, 그 후 이들이 어떤 삶을 살았을지에 대한 글짓기를 해보도록 요청했다. 그러자 흥미로운 결과가 나타났다.

남학생의 경우 뛰어난 성취는 그 후 그들의 성취는 물론 그들의 행복과 건강을 보장하는 이야기로 펼쳐지지만 여학생의 경우

이는 더 미묘하고 복잡하게 펼쳐진다. 많은 사람들이 여학생의 성취가 그녀의 행복과 건강에 긍정적인 영향만을 미치는 것이 아니라 많은 경우 부정적인 영향을 미칠 것임을 보여주는 이야기로 완성하는 경우가 많았다. 여학생에게 있어 사회적 성공과 관계 속 행복감을 동시에 얻게 되는 일은 더 어렵다는 생각이 반영된 것이다.

호너는 이를 바탕으로 '성공공포'라는 개념을 제안했다. 성공공포는 말 그대로 성공을 두려워하는 마음을 나타낸다. 그러기에 뛰어난 능력과 잠재력을 가진 여성들이 자신의 성취에 대해 복잡한 마음을 품게 되고, 성공이 두려워 일부러 성공 대신 실패하는 모습을 보이기도 한다고 보았다. 학자들은 이 개념이 성차별이 있던 시대상을 반영한다고 보았고, 성차별이 줄어들면서 이런 특성은 줄어들 것이라 예상했다.

호너는 여성들이 여성의 성공에 대한 이중적인 시선에서 자유롭기 어렵고, 그 때문에 이런 복잡한 마음을 갖기 쉽다고 했다. 그런데 그 후 연구자들은 성공공포에 대한 일관적인 결론을 얻지 못했다. 성공공포가 여성들에게 두드러지게 나타나지 않았던 것이다. 시대의 변화에 따라 이 개념은 더이상 설 자리를 잃어가는 것 같았다. 그러나 우리는 여전히 우리 마음속에서 성공을 두려워하는 마음을 읽게 된다.

어떤 사람들은 승진을 코앞에 두고 말도 안 되는 실수를 하고,

또 어떤 사람은 중대한 진로 결정을 내려야 할 시기에 덜컥 임신을 한다. 어렵게 쌓아온 일을 완성하는 마지막 순간에 뒤로 물러나는 모습을 보이는 것이다. 이런 일은 의식적으로 나타나기보다는 대개 무의식적으로 나타난다. 성공공포는 그 시대의 여성뿐 아니라 현시대를 살아가고 있는 우리 모두의 마음속에서 나타나는 것이다. 특히 낮은 자존감을 보이는 사람에게 이런 모습은 더 강하게 나타난다.

상식적으로 생각했을 때 성공공포라는 개념은 얼핏 와 닿지 않는다. 우리는 모두 성공을 향해서 달려가고 있고, 오히려 실패를 두려워하는 마음을 안고 있지 않은가? 그런데 왜 일부러 성공을 거부할까?

이는 우리가 스스로에 대해 가지고 있는 생각, 그 중에서도 자존감과 중요하게 맞물린다. 자존감이 낮은 사람들은 실패를 두려워하는 만큼이나 성공도 두려워한다. 이들은 성공 그 이후에 자신이 감당해야 하는 책임감을 크게 느끼고, 주변의 기대와 인정에 대한 부담에 짓눌리는 모습을 보인다.

성공공포는 성공이 불러올 관계의 와해 가능성은 물론 '지금의 성공 이후 그 성공에 걸맞는 사람으로 살아갈 수 있을까' 라는 의구심에서 나타나는 것이다. 그 모든 것이 '나 자신은 성공할 수 있고, 그 성공의 열매를 누리고, 그 성공에 합당한 가치를 퍼뜨릴 만한 사람이며, 중간에 실패한다고 해도 다시 일어설 힘이 자기 안에 있다'는 확신이 부족하기에 나타난다는 것이다.

성공공포와 실패공포는 나 자신에 대한 확신이 없을 때 우리가 실패뿐만 아니라 성공조차 두려워하게 되는 점을 보여준다. 성공이든 실패든 스스로의 가치에 대한 확신 없이 받아들이게 될 때 우리는 힘들어진다.

그렇다면 성공과 실패를 둘러싼 자신의 가치에 대한 확신을 가지기 위해 우리에게 필요한 것은 무엇일까?

내면의 시계와 열정으로 넘어져도 다시 일어날 것

우리는 더 빨리, 더 잘해내고 싶은 마음에 스스로를 채찍질하게 될 때가 많다. 그러나 젊은 시절에 빠르게 성공하기보다는 제대로 성공하는 것이 더 중요하다.

'남들 하는 만큼' 혹은 '남들보다 더'를 기준으로 무언가를 해나가다 보면 우리는 우리가 무엇을 좋아하고, 어떤 가치를 실현하고 있으며, 진정 우리에게 필요한 것이 무엇인가를 놓치기 쉽다. 타인의 눈에는 승승장구하는 것처럼 보이더라도 잘못된 판단을 내리거나 작은 흔들림에 크게 좌절하기도 쉽다.

'회복탄력성(resilience)'이란 개념이 있다. 이는 실패하고 좌절해도 용수철처럼 튕겨 올라가는 힘, 눌러도, 뽑아도, 밟아도,

질긴 생명력을 자랑하는 잡초의 근성으로 마음먹은 바를 끝끝내 해내고야 마는 내면의 힘을 의미한다.

이런 힘을 가진 사람은 외부의 시련이 아무리 거세도 이 시련을 딛고 올라갈 발판으로 삼지 이에 눌리지 않는다. 다른 사람이 자신을 실패라 규정지어도 이에 굴하지 않고 묵묵히 절차탁마해가는 것이다.

그들은 세상의 빛이 쏟아지지 않는 어두운 지하창고에서도 가장 밝은 꿈을 꾸며 내일을 기약할 줄 안다. 실패라는 사건으로 자신의 꿈이나 가치를 꺾지 않는 진정 강한 사람이 바로 이들인 것이다. 그리고 이런 강함은 넘어지지 않는 데 있는 것이 아니라 넘어졌다가 다시 일어서는 데서 나타난다.

여러분은 살면서 얼마나 많은 실수와 실패를 경험했는가? 그리고 이를 어떻게 받아들였고 그 경험들은 여러분을 어떻게 성장시켰는가? 아니면 위축시켰는가?

지금까지의 실수와 실패를 마음속에 무겁게 안고 살아왔다면, 또 실패가 아닌데도 실패라는 이름을 남발해왔다면, 또 성공에 대한 복잡한 마음에 다가오는 성공 앞에서도 뒷걸음쳐왔다면 이제는 마음속 자존감의 고삐를 단단히 쥐자.

여러분은 성공과 성장을 하기에 합당한 사람이다. 그리고 성공을 위해 천천히 차곡차곡 전진해가야 할 사람이다. 모든 사람이 성공이라 규정지어도 내가 마음으로 받아들일 수 없다면 그건 성공이 아니다. 반면에 모든 사람이 실패라 규정짓더라도 스스로가 실패라 믿지 않는다면 그것은 실패가 아니다.

천하무적보다는 오뚝이가 되라

서울대 학생들의 야구 실패기를 소설화한 이재익의 소설 『서울대 야구부의 영광』은 제목과 달리 영광보다는 실패가 더 많았던 이들의 고투를 보여준다. 실제로 서울대 야구부의 현재까지 통산성적은 2011년 3월 현재 1승 1무 265패라고 한다. 공부에서는 항상 이기기만 해왔고, 사회에 나가서도 이기는 쪽에 속할 가능성이 큰 이들이 야구 경기에서는 계속 진 것이다.

이 이야기가 감동적인 이유는 이들이 그렇게 많이 졌어도 또다시 도전하기를 멈추지 않았다는 점 때문일 것이다. 이들은 수없이 지면서도 마음으로는 지지 않는 법을 배웠을 것이다. 지고도 또다시 일어나 도전하면서 실패를 그저 실패가 아닌 다음 성공을 향한 발판으로 삼았을 것이다.

우리는 한 번도 실패해보지 않은 사람들을 '천하무적'이라 칭하지만 이들이 정말 강하기만 한지는 모르겠다. 한 번도 실패해본 적이 없는 사람이 오히려 단 한 번의 실패에 크게 좌절하고 무너지기도 하기 때문이다. 그래서인지 일류 대학을 나오고 승승장구하는 삶을 살아오던 사람이 한 번의 실패에 좌절하고 극단적인 선택을 하는 모습도 종종 보게 된다.

아무런 좌절 없이 완벽한 상황 속에서 안정을 추구하는 온실 속 화초보다는 절절한 좌절을 견디며 홀몸으로 세상과 맞서 싸운 야생초가 더 진하고 강하다. 천하무적보다는 여러 번 지고 여러 번 실패해도 다시 일어설 줄 아는 '오뚝이'들의 자존감이 더 탄탄하다.

그러니 우리, 이기고 성공하는 데 초점을 맞추지 말자. 져도 다시 도전하고, 실패해도 다시 웃으며 무언가를 해볼 수 있는 사람이 되자.

내가
없는 사람

거짓자기란 말 그대로 진정한 내 모습이 아닌 모습을 의미한다.
마음을 본래 모습 그대로 펼치지 못하고 접고 있는 상태다.

거짓자기라는 내 안의 단단한 코르셋

20세기의 가장 뛰어난 작가 가운데 한 명인 버지니아 울프는
자신이 글을 쓰는 순간마다 자신의 마음속에 떠오르는 환영 때
문에 괴로워했다고 적고 있다. 그녀는 그 시대가 모든 여성들에
게 '가정의 천사(angel in the house)'가 되도록 강요한다고 생각
했다.

그녀는 '가정의 천사'를 대담하고 자유롭게 자신의 뜻대로 표

현하고자 하는 자신을 옭아매는 심리적 코르셋으로 묘사한다. 뭔가를 쓰려고 할 때마다 마치 누군가가 그녀의 귀에 "그렇게 하면 안 돼. 좀더 여자답게, 부드럽게 해야지. 이러면 다른 사람들이 널 어떻게 보겠어?"라고 속삭이는 것만 같다.

그녀는 글을 쓰는 내내 자신의 숨통을 조여오고 압박하는 타인의 목소리에 시달려야 했다. 그리고 결국은 그 환영을 죽여야 자신이 뭔가를 할 수 있겠다고 했다.

그녀가 표현한 환영은 외부의 압력과 기대로 인해 나타난 '거짓자기(false self)'를 의미한다. 사람은 누구나 자기 본연의 모습으로 있을 때 자유롭다. 그리고 그 자유 속에서 자신이 가진 최대의 잠재력을 이 세상에 꺼내어놓는다.

그런데 어떤 사람들은 언제 어디서든 자유롭지 못하고 얽매인다. 이들은 언제나 사이즈가 맞지 않은데다가 탄력이라고는 찾아보기 힘든 '마음의 코르셋'을 입은 채 뒤뚱거린다. 자신의 참된 모습으로 편하게 숨을 쉬지 못하고, 언제나 답답하고 갑갑한 마음을 안고 긴장을 늦추지 못한다. 거짓자기라는 단단한 코르셋으로 자신을 제한하고 있기 때문이다.

거짓자기란 말 그대로 진정한 내 모습이 아닌 모습을 의미한다. 우리가 마음을 본래 모습 그대로 펼치지 못하고 접고 있는 상태를 의미하는 것이다. 이에 반대되는 개념에는 '참자기(true self)'가 있다.

거짓자기와 낮은 자존감

이런 거짓자기와 참자기의 개념을 강조한 대표적인 학자로는 제임스 매스터슨(James Masterson)과 도널드 위니캇(Donald Winnicott)이 있다. 그들이 말한 거짓자기와 참자기의 모습에는 조금 차이가 있기는 하지만, 그들의 이론을 살펴보면 거짓자기의 부정적 파급과 참자기의 중요성에 대해 돌아보게 된다. 매스터슨은 『참자기』라는 책에서 거짓자기에 대해 이렇게 말한다.

거짓자기가 삶을 지배하면 자기 존중감이 현격하게 저하된다. 그것은 참자기가 너무나 손상되고, 허약해지고, 무기력해져서 자기 존중감을 회복할 수 없기 때문이다. 인간이 아닌 로봇처럼 살고 있다는 느낌이 든다면 그는 많은 사람들이 '필연적 허위' 또는 '삶의 공허'라고 부르는 것을 어렴풋이 이해한다는 의미다. 그들은 본인들의 문제보다는 '삶'을 탓하고 진짜 문제를 회피할 수 있는 껍데기 속으로 철수해 도전 앞에서도 반응을 보이지 않고 그들의 삶을 망친 현실적 문제들을 부인한다.[7]

또한 위니캇은 참자기와 거짓자기를 나누며 완벽하지는 않더라도 충분히 공감적으로 아이의 욕구를 적절히 받아주고 안아주는 양육 환경 속에서 아이는 자신을 자발적이고 자유롭게 표현하는 참자기의 개념을 발달시킨다고 했다. 그러나 이것이 적절히 이루어지지 못할 때 자신을 표현하지 못하거나 왜곡된 방식으로 표현하는 거짓자기를 발전시키게 된다고 보기도 했다.

탄탄한 자존감이 없을 때 우리는 이런 거짓자기의 코르셋 속에 우리의 몸을 구겨 넣고 신음하기 쉽다. 거짓자기 속에 있다 보면 마치 소화가 안 되는 것처럼 마음이 답답해지고, 사람들과 함께 웃고 있어도 쓸쓸하다. 내가 본래 어떤 모습이었던가도 잃어버리기 쉽다. 이런 일이 반복되면서 내 본래 모습을 잃어버린 사람들은 매사에 자신감이 없고, 진정한 자신의 모습을 찾지 않는 한 그의 자존감은 회복되기 어려워진다.

버지니아 울프는 천재적인 작가이지만 거짓자기라는 마음의 방해꾼으로부터 자유로워지기 어려웠다. 글을 쓰려 할 때마다 그녀는 적당히 자신을 가리고, 적당히 자신을 꾸며야 한다는 압력에 시달린다. 접히고 구겨진 마음을 안고 뭔가를 해나가야 하는 것이다. 그런 방해꾼으로부터 자유로워진다면 그녀는 훨씬 더 편한 마음으로 작업을 해나갔을지도 모른다.

버지니아 울프뿐만 아니라 우리도 자신의 잠재력을 펼치고 있는 그대로의 자기 모습을 꺼내놓으려 할 때마다 거짓자기라는 방해꾼의 훼방, 온갖 유혹과 압력에 시달리게 된다. 그렇다면 이런 거짓자기가 나타나는 이유는 무엇일까? 그리고 그 거짓자기는 한 개인의 자존감과 어떤 관련이 있을까?

마음의 무게중심 축이 타인에게 있다

먼저 명희 씨의 이야기를 살펴보자. 그녀는 어떤 상황에서든 상대의 마음에 맞춰 배려해야 한다는 생각이 강했다. 그래서 속마음은 억누르고라도 착하게 대하기 위해 노력했다.

그녀의 친구들은 착한 그녀를 좋아했다. 그녀의 애인 역시 그녀가 착해서 좋다고 했다. 그래서 그녀는 정말 그렇게 착한 것이 좋은 것인 줄로만 알았다.

그러나 언제부터인가 그녀는 착하다는 평판이 그리 좋은 것은 아니라는 것을 알게 되었다. "넌 참 착해"라며 그녀를 좋아하던 애인이 "넌 너무 착해"라며 그녀를 떠나갔기 때문이었다. 밤새 울던 그녀는 문득 자신이 진정한 자신의 모습으로 살아오지 않았기에 이런 문제가 나타났다는 생각이 들었다.

"제가 해주는 것을 당연하게 생각하는 사람도 있고, 다른 사람에게 신경을 쓰다 보면 제 것을 챙기지 못하기도 하잖아요. 이제는 좀 바뀌어야겠다는 생각이 들어요. 저 스스로를 배려하는 것이 먼저인 것 같아요."

그녀는 이 일을 계기로 나대로, 나답게 살아야 한다는 것을 깨달았다. '가짜자기'가 아닌 '진짜자기'의 모습으로 사는 것이 중요하다는 점을 깨닫게 된 것이다. 타인에게 착하게 배려하는 모습에 치우쳐 있다 보면 나 스스로에게 착하고 나 스스로를 배려하지 못하게 된다. 무게중심의 위치가 '나'가 아닌 '너'에 맞춰져 있는 것이다.

명희 씨뿐만 아니라 우리도 참된 우리의 모습 대신 과도하게 꾸미고 설정하고 편집하는 모습을 보일 때가 많다. 거짓자기가 왜 나타나는가를 알아보기 위해서는 우리가 언제, 누구와 함께 있을 때 우리의 느낌과 생각을 꺼내놓기 어려운가를 살펴보면 알 수 있다.

언제 어디서나 누구와 함께 있든 자신을 자유롭고 자연스럽게 꺼내놓는 사람은 거의 없다. 누구나 자신에게 불편함을 주는 누군가와 곤혹스럽고 불편한 시간을 보내본 경험이 있다. 그때에 우리는 급격히 말수가 줄거나 딱딱하고 어색한 모습을 보이게 된다. 과도하게 의식하고 예민해지거나 말 한마디 하려고 입을 떼려 할 때마다 할까 말까 고민하는 시간이 많아진다. 그러면서 마음은 답답해지고 긴장한다.

마음의 무게중심 추가 내 안에 있는 것이 아니라 외부에 있는 것이다. 그런데 무게중심 추를 타인에게 두고, 나라는 사람에 대한 가치판단의 기준과 근거를 타인에게 둔다면 우리는 진실된 자신의 모습을 찾기보다는 타인에게서 요구되는 모습으로 행동하게 된다. '착하다'는 칭찬과 평판에 집착하느라 정작 자신의 참된 마음은 몰랐던 명희 씨처럼 말이다.

명희 씨는 이제 참된 자신의 모습을 찾기 위해서 기준을 '타인'이 아닌 '나'에 두기로 했다. 기준을 타인에게 두는 이유는 사랑받고 인정받고 싶은 마음이 강해서 나타나게 되지만, 이런 경향이 지나치게 나타나다 보면 오히려 사랑과 인정을 받고 싶은 그 마음이 채워지지 않는 방향으로 나아가기도 한다. 누구든 줏대 없이 흔들리며 맞춰주기만 하는 사람보다는 단호하고 솔직하게 자신을 표현할 줄 아는 사람을 더 좋아한다. 맞춰주면서 불행하다면 그 관계가 오래 가기 힘들기 때문이다.

나답게 살지 못할 때 고민이 많아진다

참된 자기의 모습으로 살지 못할 때 우리의 자존감은 위협받게 된다. 그리고 거짓된 모습과 참된 모습 간의 괴리 때문에 고민이 많아진다.

생각해보라. 누군가가 나를 어떻게 생각하는지, 그 사람을 만족시키기 위해 어떤 것이 필요할지 고민하며 많은 시간을 보낼 때 우리의 생각은 꼬리에 꼬리를 물고 이어진다. 아무리 해도 언제나 타인의 마음을 알고, 그 마음에 맞춰 행동하기란 불가능하기 때문이다.

더구나 인간관계는 똑 떨어지는 답이 있는 것이 아니기에 착하고 배려심이 많은 특성을 펼치다 보면 우리의 생각이 넓게 펼쳐진다. 그러면 고민의 크기 역시 커질 수밖에 없다. 전혀 도움이 되지 않는 줄 알면서도 같은 생각을 반복적으로 하는 지리멸렬한 '고민의 되새김질(rumination rut)'에 빠지는 것이다.

이와 관련해서 우울증을 연구한 수잔 놀랜 혹스마(Susan Nolen-Hoeksema)는 고민의 되새김질이 우울증, 불안증과 같은 정신질환과 깊은 관련이 있다고 주장했다. 관계에 관한 반복적인 고민을 하는 것이 우리에게 얼마나 부정적인 영향을 미치는가를 강조한 것이다. 너무 착하고 너무 배려하는 만큼 나 자신에게 착해지고 나를 배려하기란 어려워진다는 것이다.

길은 결국 밖이 아닌 내 안에 있다

헨릭 입센(Henrik Ibsen)의 소설 『인형의 집』에는 뒤늦게 자신의 참된 모습을 찾기 위해 자신이 처한 환경을 완전히 벗고 집을 나서는 노라의 이야기가 나온다. 이 이야기 속 노라는 남편의 '귀여운 종달새'로 남편의 사랑을 받으며 아내로서의 의무를 다하는 삶을 살아가는 것이 최선이라고 생각하며 살아온 여성이었다. 그러나 위기에 처한 남편을 위해 돈을 빌렸던 일을 알게 된 남편이 자신을 비난하며, 아내에 대한 사랑보다는 자신의 사회적 체면에만 신경 쓰는 모습을 본 그녀는 자신의 모습에 대해 총체적으로 다시 보게 된다.

그녀는 이제 누군가의 아내로, 어여쁜 여성으로서가 아닌 진정한 자신의 모습을 찾고 싶어한다. 작가 버지니아 울프의 마음 속에 환영처럼 따라다녔던 '집안의 천사' 역할이 마치 자기 자신인 것처럼 평생 그 역할 하나에만 스스로를 가둬두고 '진정한 나다움' 이 무엇인지에 대한 문제의식이 없었던 그녀는 '이제 나를 찾아야 한다' 는 사실을 깨닫게 된 것이다.

사실 우리는 다양한 관계 속에서 여러 가지 역할을 수행하고 있기에 모든 상황 속에서 나다운 모습으로만 살기는 불가능하다. 그리고 거짓된 자신의 탈을 벗어던지기 위해 노라처럼 자신이 처해 있는 환경을 완전히 벗어나는 것과 같은 극단적인 선택을 할 필요는 없다.

그러나 '다른 사람에게 어떻게 비춰지는가?' 라는 고민을 너무 많이 하느라 진정한 내 모습이 무엇인지도 모르고, 진정한 나를 잃어버린 채 살고 있다면 일단 '나는 누구인가' 라는 정체성 확립이 필요하다. 정체성 확립은 청소년기만의 과제가 아니다. 우리네 삶은 참된 나를 찾아가는 여정에 다름 아니다.

지그문트 프로이트(sigmund Freud)의 딸이자 유명한 정신분석 이론가인 안나 프로이트(Anna Freud)는 이런 말을 한 적이 있다.

"나는 항상 내가 강해지고 자신감을 가질 수 있는 길을 내 밖에서 찾아왔다. 그러나 그 길은 내 안에 있다. 항상 거기에 있다."

타인에게 무게중심 추를 두고 타인의 평판에 마음을 쓰느라 '나'라는 사람이 없이 살아왔다면 진정한 나다움, 내 모습을 무엇으로 채울 수 있는지 고민해보지 않았다면 이 말을 꼭 기억할 필요가 있다. 혹시 겉만 신경 쓰느라 속은 비어 있지 않은지, 아니면 겉은 괜찮아 보이지만 속은 곪아가고 있는 것은 아닌지 잘 살피자. 그럼으로써 다른 사람뿐만 아니라 나 자신에게도 좋은, 그런 사람이 되자. 누가 뭐라 해도 내 삶의 주인공은 바로 '나'니까.

사랑이
두려운 사람

낮은 자존감은 참된 사랑을 하는 데 크나큰 걸림돌이 된다.
힘든 사랑의 원인을 상대에게 찾으려 할 때 사랑은 흔들린다.

사랑을 통해 얻게 되는 힘

오랜만에 상담실에 온 지아 씨의 모습은 처음 그녀를 만났을
때의 모습과 전혀 다르다. 걸음걸이는 물론 표정에서도 자신감
과 밝음이 묻어난다.

처음 상담을 받기 시작했을 때만 해도 그녀는 끝도 없이 눈물
을 흘렸다. 그러면서도 눈치를 많이 보며 의기소침해 보였다. 진
로에 대한 고민을 하고 있다고는 했지만, 왜 그렇게 매사에 자신

이 없는지, 싫다고 하면서도 그 일을 붙잡고 있는 이유는 무엇인지, 현실을 버틸 힘이 없다며 모든 것을 포기하고 싶은 이유는 무엇인지 쉽게 이야기하지 못했다. 무슨 말을 하려고 해도 감정에 복받쳐 눈물이 나올 뿐이었다.

상담을 받으면서 그녀는 자신의 특성과 고민의 본질을 조금씩 이해해나가기는 했지만 정말 중요한 변화의 계기는 상담이 아니었다. 그녀에게 사랑하는 사람이 생긴 것이다.

사랑받고 사랑할 대상이 생기자 그녀는 자신감을 찾았고 자신의 상황에 대한 책임감과 통제력도 크게 느끼기 시작했다. 이제 그녀는 "도망가고 싶다"고 말하기보다는 "뭔가 해보고 싶다"고 말한다. 사랑을 통해 얻는 힘은 이렇게 강력하다.

주호 씨는 성격이 강직하고 책임감이 강해서 어디를 가나 리더 역할을 도맡아 하곤 했다. 그는 언제나 자신이 하는 일에 열정을 품고 있었고, 그 누구에게도 뒤지지 않으려고 애썼다. 그의 주변 사람들은 그를 신뢰하고 존중하기는 했지만 어딘지 딱딱하고 경쟁적이며, 언제나 냉철한 그의 판단력에 질색하기도 했다. 공적인 자리에서 일과 관련해서는 그와 함께하기를 원했지만 그를 인간적으로 좋아하는 사람은 별로 없었다.

그래서 주호 씨는 곁에 사람이 있고, 곁에 있는 사람들을 위해 열심히 노력하면서도 항상 외로웠다. 자신에게 어딘지 문제가 있는가 싶기도 했고, 사람들 속에서도 자신만 도드라져 보이는 것이 싫기도 했다.

그러던 주호 씨가 최근 들어 변하기 시작했다. 그 시작점은 오랫동안 소통이 되지 않고 불화하던 아버지와의 관계가 편해지는 바로 그 점이었다.

그는 언제나 냉철하고 책임감이 강한 아버지를 동경하면서도 두려워했는데 최근에야 자신이 그런 아버지에게 인정뿐만 아니라 사랑을 받고 싶어한다는 마음을 깨닫게 되었다. 더불어 아버지 역시 자신에 대한 사랑 표현 방식이 서투른, 그러면서도 자식들을 사랑하시는 한 사람으로 이해하게 되었다.

그 결과 그의 내면은 한층 말랑말랑해졌다. 친구들은 이런 그의 변화를 느끼며 점점 그를 더 따르게 되었고, 그는 이제 예전보다 덜 외로워한다. 막혀 있던 사랑의 통로가 뚫렸기 때문이다.

사랑과 자존감

우리의 자존감을 위해 가장 중요한 것이 무엇인가를 꼽는다면 그것은 사랑이라 할 수 있다. 이 세상에 존재하는 모든 마음의 병의 원인은 사랑의 결핍이나 부재 때문에 나타난다고 할 수 있다.

우리가 이따금씩 우울해지는 이유, 우리가 성공하고 싶은 이유, 우리가 행복해지는 이유 등 우리를 둘러싼 많은 일들이 바로 이 사랑을 중심으로 나타난다. 특히 모자라거나 없는, 혹은 차마 표현되지 못한 사랑이 우리의 자존감에 부정적인 영향을 미쳤다. 그런데 그 반대의 경우도 참이 아니겠는가?

사랑의 결핍으로 나타난 자존감의 구멍은 사랑으로 채워질 수 있고, 사랑을 표현하지 못해 나타난 메마른 마음은 사랑을 표현함으로써 말랑말랑해진다. 그런데 많은 사람들이 이런 사랑의 힘을 향유하지 못하고, 사랑을 시작하는 단계부터 삐거덕댄다. 사랑을 통해 강해지고 안정을 찾게 되는 것이 아니라 사랑 때문에 약해지고 불안정한 모습을 보이는 것이다.

낮은 자존감, 사랑의 걸림돌

낮은 자존감은 참된 사랑을 하는 데 크나큰 걸림돌이 된다. 자기 안의 낮은 자존감이라는 걸림돌을 보지 못하고 힘든 사랑의 원인을 상대방에게서 찾으려 할 때 우리의 사랑은 흔들린다. 그러면서 우리는 낮은 자존감을 들어 올려줄 가장 강력한 해결책인 사랑의 가능성을 스스로 내쳐버리고 만다. 그렇다면 낮은 자존감은 우리의 사랑을 어떻게 어렵게 하는가?

심리학자 에리히 프롬(Erich Fromm)은 『사랑의 기술』이라는 책을 통해 현대인들이 가진 사랑의 문제를 꼬집는다. 그는 우리가 사랑을 '받는' 것에 집중하느라 불안한 모습을 보인다고 보았다. 그러니 '어떻게 사랑받을 것인가' 라는 문제에 골몰하기 보다는 '어떻게 사랑을 할 것인가' 에 대한 고민이 더 필요하다고 말한다.

프롬의 이 말은 낮은 자존감을 가진 사람들에게 더 중요한 말이라고 할 수 있다. 왜냐하면 낮은 자존감을 가진 사람들은 스스로 느끼는 사랑의 결핍을 타인에게서 채우기 위해 절박한 시도를 하기 쉽기 때문이다.

그는 우리의 사랑을 세 단계로 나눈다. 사랑에 빠지는 단계(falling in love), 사랑을 하는 단계(being in love), 그리고 사랑에 머무르는 단계(staying in love)다. 이 분류에 따라 낮은 자존감을 가진 사람이 각 단계마다 부딪치게 되는 어려움을 살펴보자.

1. 사랑에 빠질 때

낮은 자존감을 가진 사람들은 자신이 사랑을 받을 만한 사람이라는 사실에 대해 큰 의구심을 품고 있다. 그래서 누군가가 마음에 들어도 이를 선뜻 표현하지 못한다. 상처받을까 봐 두려워서 짝사랑만 반복하기도 하고, 사랑을 시작할 때부터 이미 관계에 대한 긍정적 기대를 하기보다는 부정적인 전망에 흔들리기도 한다.

자기 자신과 상대방은 물론 관계를 오래 지속해나갈 수 있을

지에 대해 불안한 마음이 크기 때문에 자신의 관심을 잘 표현하지 못하고 속마음과 다르게 행동하기도 한다. 그러다 보면 사랑의 시작 단계부터 서로 오해하고 엇갈리다 관계가 끊어지게 되는 일도 많다.

2. 사랑을 할 때

사랑을 할 때 사랑을 시작하는 단계에서도 낮은 자존감은 우리를 힘들게 한다. 심리학자 하잔(Hazan)과 쉐이버(Shaver)는 어린 시절 애착과 관련해서 사랑을 할 때 나타나는 우리의 모습을 크게 네 가지로 나누었다. 하나는 안정적인 모습이지만 나머지 세 가지는 모두 불안정한 모습이다. 그리고 이 세 가지 모습들은 낮은 자존감의 증상을 드러낸다고 할 수 있다.

첫 번째는 '불안형(저항형)'이다. 이들은 상대가 눈에서 보이지 않으면 상대가 사라지거나 상대에게 좋지 않은 일이 생길까봐 불안해하고, 상대방의 사랑에 대한 확신이 적기에 의심하는 모습을 보인다. 스스로 마음속 확신이 적기에 자꾸만 사랑을 확인하고 싶어한다.

두 번째는 '회피형'이다. 처음부터 사랑 관계에 대한 확신이 없기에 관계 속에서 보살피고 챙기기보다는 멀찍이 떨어져 관망하는 모습을 보인다. 확고한 경계를 설정하고, 너무 친밀해지는 것을 부담스러워 하는 모습을 보이기도 한다.

세 번째는 불안해하는 모습과 회피하는 모습이 혼재된 '혼란형'이다. 어느 순간에는 불안해하며 집착하거나 확인하고 싶어했다가, 또 어느 순간에는 관계에서 철수하는 모습을 보이는 것이다.

이렇게 불안정한 사람의 모습은 스스로 사랑받을 만한 사람이라는 자기 자신의 가치에 대한 확신이 부족하기에 나타난다.

3. 사랑에 머무를 때

어떤 사람들은 관계를 오래 지속하는 힘이 부족하다. 그들은 관계 속 갈등과 오해를 견디기 힘들어하고, 관계를 쉽게 끊어버리거나 포기하는 모습을 보인다. 이 역시 낮은 자존감을 드러내는 증상이라 할 수 있다. 관계를 더 굳건하게 다지고, 진정한 나를 보여주는 시기가 바로 이 시기이기 때문이다.

또한 우리가 사랑에 머무르기를 선택하지 않고 이별을 선택하게 되었을 때 이를 받아들이는 방식에 있어서도 자존감은 중요한 역할을 한다. 어떤 사람은 한 사람의 거절에 대해 온 세상이 자신을 거절한 것처럼 받아들이며 이별의 상처에 오래, 깊이 힘들어한다. 이로 인해 자신을 크게 평가절하하는 것이다. 성숙한 방식으로 만나고 이별하는 능력은 우리의 탄탄한 자존감을 기반으로 발휘된다.

나는 어떻게 사랑을 하고, 사랑을 받고 있는가?

지금 이 순간 우리가 하고 있는 모든 행위 밑에 깔린 근본적인 마음을 따지고 또 따져보면 결국 우리가 이 세상에서 보이는 모든 행위는 사랑을 받고 사랑을 하기 위한 제스처라고 할 수 있다.

우리는 사랑 때문에 살고, 또 사랑이 부족하기에 살기 힘들어한다. 그런데 우리가 사랑을 주고받는 모습 속에는 우리의 자존감이 드러난다. 낮은 자존감의 문제로 오랫동안 상담을 받았던 내담자는 낮은 자존감과 사랑에 대해 이런 말을 했다.

"자존감이 낮을 때에는 딱 거기에 어울리는 사람을 만났던 것 같아요. 저를 함부로 대해도 그럴 만하다고 느꼈고, 오히려 그런 사람의 사랑을 받기 위해 집착하기도 했지요. 하지만 이제는 내가 나를 사랑하게 되니 사랑받으려 애쓰지 않아도 있는 그대로 사랑을 받게 되기가 더 쉽다는 것을 알게 되었어요. 사랑받으려면 내가 나를 먼저 사랑해줘야 해요."

혹시 내 안의 결핍된 사랑으로 인해 타인에게 사랑을 받는 데 지나치게 집착하지는 않았는지, 한 사람의 거절을 이 세상 모두가 나를 거절하는 것으로 착각하며 힘들어하지는 않았는지, 나 자신이 사랑받을 만한 사람이라는 확신이 없어 사랑을 받는 데 서투르고 불안한 모습을 보이지는 않았는지 내 마음을 잘 점검해보자.

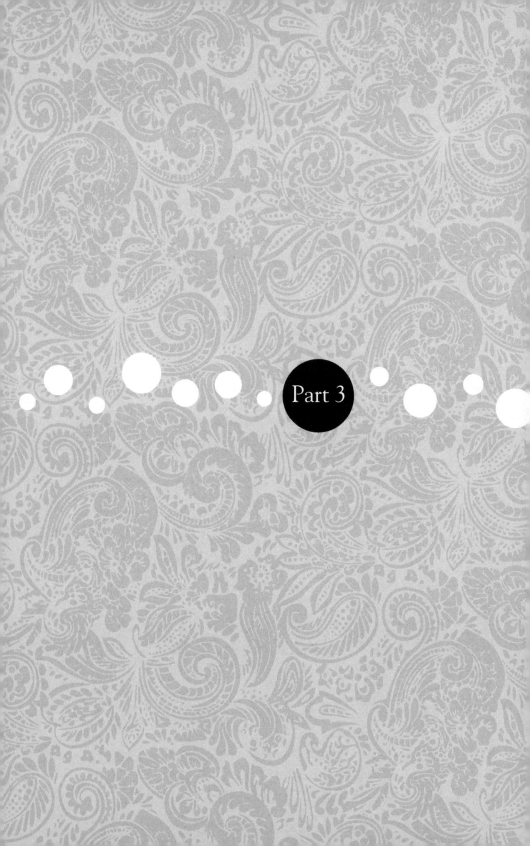

Part 3

낮은 자존감이
나타나는 이유

자존감을 훼손시키는 7가지 요인

트라우마,
상처 입은 나

상처를 치유하려면 상처 입은 자신을 있는 그대로 바라봐야 한다.
과거와 현재의 연결고리를 직시해야 이를 끊어낼 수 있는 것이다.

우리의 자존감을 다치게 만드는 트라우마

재은 씨는 서른 두 살의 호리호리한 인상을 가진 여성이다. 대기업의 마케팅부서에서 일하고 있고, 겉으로 보기에는 꽤나 안정적인 삶을 살고 있다. 그러나 그녀는 어느 순간 갑자기 불길한 예감에 휩싸이곤 한다. 어린 시절 경험한 성 피해 경험이 지금 그녀가 발로 내딛고 있는 현실을 흔들어대는 것이다.

"아무도 제가 경험했던 것이 무엇인지 알지 못해요. 심지어 저도 잘 기억이 나지 않는데 누가 이런 혼란을 이해할까요."

그녀에게 있어 가장 힘든 점은 어느 누구도 그녀를 온전히 이해하지 못하리라는 생각과 겉으로는 아무렇지 않은 것 같지만 속으로는 곪아가고 있다는 점이다. 그녀는 자기 안의 상처가 언젠가는 그녀의 현실을 완전히 흔들어 겉으로 드러나게 될 날이 올까봐 두렵다. 그 상처는 그녀가 스스로를 받아들이고 사랑하게 하는 것을 방해하는 가장 큰 장애물이다.

군대를 제대하고 난 뒤 현우 씨는 자신이 세상을 보는 관점이 완전히 바뀌었다는 것을 알게 되었다. 군대에 가기 전만 해도 그는 대학교 내의 기독교 동아리 활동에 열성적으로 참여하며 사람들과 함께하는 활동을 좋아했다. 그를 알던 사람은 누구나 사람 좋은 얼굴로 어떻게 하면 더 좋은 방식으로 세상을 바꿀 수 있을지 고민하는 그를 좋아했다. 그런데 군대에서 그는 완전히 다른 사람으로 변해 돌아왔다. 예전에 비해 냉소적인 말을 자주 하고, 사람들을 만나는 것도 꺼렸다.

지난번에는 친구가 친한 척 하느라고 건넨 농담에 예민하고 신경질적인 반응을 보이는 바람에 모임 분위기가 어색해지기도 했다. 친구들은 술에 취한 그가 하는 말들과 정황을 미루어 군대에서 그가 한 경험이 그를 변화시켰으리라고 짐작할 뿐이다. 하지만 그가 어떤 경험을 했는지, 지금 도대체 왜 그러는지 아무에게도 말하지 않으니 그의 마음을 누구도 이해하지 못하고 있다.

재은 씨와 현우 씨의 공통점은 무엇일까? 그들은 공통적으로 트라우마로 인해 자신과 타인, 그리고 세상을 바라보는 방식에 있어 부정적인 영향을 받고 있다. 또한 그들은 이런 트라우마를 마음속에서 온전히 소화시키고 흘려보내지 못해 과거에 얽매여 있다. 게다가 이로 인해 느끼는 분노나 짜증, 우울, 혼란과 같은 부정적 감정들을 그 누구에게도 편하게 표현하지 못하고 자신의 가슴속에 꾹꾹 눌러 억압해두려고만 하고 있는 것이다.

이들과 같이 감당하기 힘든 트라우마를 경험하고 이를 제대로 치유할 기회가 없었던 사람들은 상처받은 자존감의 문제에 시달린다. 트라우마는 우리의 자존감을 다치게 하는 가장 중요한 원인 가운데 하나인 것이다.

트라우마로 인한 관점의 변화

세상을 살다 보면 우리는 매일같이 크고 작은 트라우마를 경험하게 된다. 트라우마란 '우리에게 정신적인 충격과 스트레스를 주는 사건'을 의미한다. 보통 심리치료 과정에서는 엄청난 충격과 스트레스를 주는 사건을 경험했지만, 이 경험을 제대로 소화시키거나 이로 인한 아픔을 치유하지 못해서 과거의 트라우마 경험이 현재까지 영향을 미치는 것을 자주 살펴보게 된다.

때로 우리는 다른 사람에게는 트라우마로 남을 경험을 트라우마라고 인식하지 않고 잘 대처해나가기도 한다. 또 잠시 동안은 흔들릴지 몰라도 결국 이를 배움의 과정으로 받아들여 우리 스스로를 성장시키는 계기로 삼기도 한다.

그런데 어떤 트라우마 경험은 돌이킬 수 없을 만큼 우리 존재 전체를 마구 흔든다. 이때 우리는 거친 비바람에 뿌리까지 뽑혀 버린 나무처럼 흔들린다. 그러면서 트라우마로 인해 세상과 타인, 그리고 나 자신을 바라보는 관점이 부정적으로 변화하게 되기도 한다. 더이상 이 세상이 안전하지 않다고 느끼기도 하고, 더이상 타인을 믿을 만하지 않다고 느끼기도 하고, 더이상 나 자신이 사랑스럽고 존중받을 만하지 않다고 느끼기도 한다. 삶에 대한 통제감과 자신감이 사라진 것이다.

트라우마라는 과거의 덫

강력한 트라우마 경험에 무방비로 노출되었지만 이를 마음으로 적절히 소화시켜 치유하지 못하고 억압해온 사람들 가운데 이미 그 사건이 일어난 지 오랜 시간이 지났다고 하더라도 여전히 그 사건 속에 생생히 살고 있는 것만 같은 느낌에 시달리는 사람들이 있다.

114

이들은 어느 순간 불현듯 찾아오는 트라우마의 고통에 평온하고 행복한 일상을 살기 힘들어한다. 그리고 자신을 비하하거나 쉽게 위축되기도 하고 사람들을 피하기도 한다. 학자들은 이처럼 트라우마로 인해 나타나는 마음의 병을 '외상 후 스트레스장애(PTSD)'라고 진단하는데, 이 진단을 위해 학자들은 다음 세 가지 면을 살핀다.

하나는 재경험이다. 마치 현재에서 생생히 벌어지는 것처럼 느끼는 것이다. 그래서 트라우마 환자들은 불면증에 시달리기도 하고, 갑작스레 떠오른 기억에 힘들어하기도 한다. 이 모습은 객관적이거나 합리적이지 않지만 그들의 경험 세계 속에서는 엄연히 실제로 일어나는 일이기에, 우리는 그들의 이런 경험을 이해해주고 설명해주고 안심시켜줄 필요가 있다.

다른 하나는 회피다. 어떤 방식으로든 트라우마와 관련된 자극이나 장소, 사람에서 벗어나려고 애쓰는 것이다. 예를 들어 밤에 혼자 집으로 오는 길에 술주정뱅이에게 공격을 받은 적이 있는 사람은 그 후 밤에 혼자 집으로 오는 일과 술에 취한 사람을 필사적으로 피하려 할 것이다. 우리의 머리와 가슴속에 남은 경험과 관련된 자극들 간에 강력한 연합이 이루어졌기 때문이다. 다른 사람들에게는 아무렇지 않은 것이 이들에게는 공포와 불안 같은 가슴 떨리는 감정을 몰고 올 수 있다.

마지막으로 무감각이다. 보통 우리는 트라우마가 일으키는 강렬한 정서 체험 이후, 일상에서 느끼는 소소한 감정에 무뎌진다. 아들을 잃은 슬픔에 젖은 어머니가 일상적인 미소를 다시 찾기까지 많은 시간이 걸리는 것처럼 말이다.

이런 증상들이 얼마나 큰 고통 속에서 나타나는지는 직접 경험해보지 않은 사람들은 모른다. 그리고 사람마다 트라우마 경험을 이해하는 방식에 있어서도, 과정이나 시간에 있어서도 저마다 다르기 때문에 트라우마 경험에는 객관적이고 합리적인 인식을 내려놓고, 그 사람이 마음속으로 어떤 경험을 하고 있는지 우선 이해하고, 이들이 그 경험을 자신만의 보폭으로 이해할 수 있도록 도와주고 안심시키는 것이 필요하다.

트라우마로 인해 나타난 부정적 감정

트라우마는 우리에게 크나큰 고통을 안기기 때문에 우리는 상처 입은 사슴처럼 신음하게 된다. 때로는 왜 나에게만 이런 일이 생겼는지 분노한다. 우리 자신이 약해질 때면 다른 사람들에게는 일어나지 않는 일들이 나에게 일어나는 걸로 보아 나에게 뭔가 문제가 있는 것은 아닌지 스스로에 대한 의구심을 품기도 한다. 그러기에 상처에 대해 입을 다물기도 한다.

어떤 사람들은 감당할 수 없고 이해할 수 없는 혼란스러운 마음에 주변 사람들에게 짜증을 내기도 한다. 그리고 그런 자신을 받아주지 않고 피하는 사람들의 반응에 다시 한 번 상처를 받고, 이제 어쩔 수 없이 자신을 구제불능이라고 성급히 믿어버리기도 한다.

어떤 사람은 어디서부터 어떻게 다시 시작해야 할지 모르는 무기력한 마음에 끝도 모를 우울의 나락으로 빠지기도 한다. 누군가가 손을 내밀어 주기를 기다리고 있기는 하지만, 누구의 손을 어떻게 잡아야 할지 모를 정도로 몸과 마음이 지쳐 있다. 그러면서 자꾸만 자신과 타인, 세상으로 향하는 연결 창구를 막아두게 되는 것이다.

사실 겉으로는 분노와 짜증, 우울로 표현되는 이 마음을 잘 살펴보면 상처로 인해 나 자신에 대해 느끼는 수치심이 크게 자리 잡고 있는 것을 알 수 있다. 수치심은 나라는 사람의 중심에 놓인 감정으로 다른 감정들보다 드러내기 더 어려울 때가 많다. 그리고 내가 어떤 잘못을 했으며, 그 트라우마에 어떤 방식으로든 원인 제공을 했으리라는 생각에 기반을 두고 있기에 상처받은 순간 우리를 힘들게 한다. 아마도 트라우마가 우리의 자존감에 부정적인 영향을 미치는 이유는 수치심과 같은 우리 자신에 대한 근본적 감정을 건드리기 때문일 것이다.

트라우마로 인해 낮아진 자존감을 들어올리는 방법

앞서 우리는 트라우마가 어떻게 우리의 자존감을 흔드는가를 살펴보았다. 트라우마는 몸에 나타난 가시적인 상처보다 더 강력하게 우리에게 영향을 미친다. 트라우마는 우리가 앞으로 나아가는 것을 방해하는데, 이는 마치 과거에서 시작된 도미노가 현재와 미래까지 덮쳐와 부정적인 영향을 미치는 것과 같다.

그렇다면 이런 트라우마로 인해 상처 입은 내 마음과 트라우마로 인해 힘들어하는 다른 사람들의 마음을 우리는 어떻게 바라봐야 할까? 트라우마로 인해 낮아진 자존감을 다시 들어 올리려면 어떤 것이 필요할까?

1. 혼자가 아닌 우리

먼저 트라우마로 인해 허물어진 마음이 있다면 이를 인식하는 것이 가장 중요하다. 때로 우리는 트라우마로 인해 힘들기 때문에 과거가 현재에 어떤 영향을 미치고 있는지도 모른 채 현재 겉으로 드러난 모습만 보고 '나는 왜 이것밖에 안 될까' 라며 자책하기 쉽다.

앞서 소개한 재은 씨와 현우 씨도 그랬다. 그들은 부정적인 기억이 생각날 때마다 머리를 흔들며 그 기억을 억압하려고만 했을 뿐, 과거의 경험이 현재를 얼마나 강력하게 사로잡고 있는지

118

잘 인식하지 못했다.

상처를 치유하기 위해서는 상처 입은 자신을 있는 그대로 바라볼 수 있어야 한다. 과거와 현재의 연결고리를 직시하고 나서야 이를 끊어낼 수 있는 것이다. 그 과정을 통해서만 이들은 스스로에 대한 자신감과 통제감을 조금씩 되찾게 된다.

"멀리 돌아온 기분이 들지만, 그리고 또다시 상처에 허우적대게 될까봐 두렵지만 이제 앞으로는 그렇게 멀리 돌아가지 않을 것 같아요. 이제는 흔들려도 그런 나를 더 빨리 붙잡을 수 있을 거에요."

상처 입은 자신을 인식하는 것이 중요하다고 느끼게 되었다는 재은 씨의 말이다. 그녀는 이제 상처가 있었음에도 스스로 잘해낼 수 있었던 자신에 대해 자부심을 느낀다. 스스로에게 "잘했다"고 자주 칭찬하게 될 만큼 편해졌다는 것이다.

이처럼 상처 입은 자신에 대한 인식과 직면은 상처투성이 관계를 흘려보내고 현재를 회복하며 더 나은 미래를 예감할 수 있는 가장 중요하고도 필요한 과정이다. 상처를 직시하는 용기를 내기는 쉽지 않지만 무조건 피하다 보면 상처는 우리 안에서 더 크게 곪아간다. 그러니 천천히 내 안의 트라우마를 살펴볼 기회를 갖자.

2. 함께하는 우리

트라우마를 연구하는 학자들은 트라우마를 둘러싼 과정을 다음 셋으로 나눈다. 첫째는 트라우마 전(pre-trauma), 둘째는 트라우마 경험(peri-trauma), 그리고 마지막으로 트라우마 경험 후(post-trauma)다.

트라우마 연구자가 아니더라도 우리는 트라우마 전에 탄탄한 자존감과 건강하고 끈끈한 관계 경험을 했고, 삶에 대한 낙관적 태도를 가지고 있고, 가족과 사회의 지지를 많이 받은 사람일수록, 트라우마 경험시에 어려운 상황중에도 스스로 적극적으로 뭔가를 하려고 했을수록(예를 들어 가해자와 맞서 싸우거나 신고를 하는 등), 그리고 트라우마 경험 후 필요한 지지를 받을 수 있었고, 안전한 지지를 받았을수록 트라우마를 극복하기 쉬우리라 예상할 수 있다.

그리고 이 세 시기를 살펴보면 우리는 아무리 손써볼 경황 없이 큰 트라우마였으며, 그 모든 상황이 이미 지나갔다고 하더라도 앞으로 우리가 개입해볼 만한 부분이 있다는 것을 알게 된다. 바로 트라우마 후 경험이다.

감당하기 힘든 일을 경험했다고 해도 함께 아파하고 이에 대한 이야기를 할 수 있도록 도와주는 타인이 있다면 우리는 이를 극복해나가고 진정 과거로 흘려보낼 수 있다. 트라우마라는 '과거' 때문에 잃어버린 '현재'와 오지 않을 수도 있었던 '미래'를

120

스스로에게 선물할 수 있는 것이다. 그러니 누군가가 상처 입고 아파한다면 그저 이들의 이야기를 들어주고 함께해주는 것이 필요하다.

트라우마는 고통스러우면서도 복잡한 감정을 일으키기 때문에 이에 섣불리 반응하거나 이들의 극적인 감정에 동요하기보다는 그저 담담히 함께해주자. 그리고 필요하다면 전문적인 치료를 받을 수 있도록 안내해주자. 무너진 성이라도 다시 세울 수 있듯 상처로 무너진 마음도 다시 아물 수 있다. 그리고 이 모든 것은 함께 지지함으로써 이루어진다.

트라우마 후 성장

지금까지 우리는 트라우마가 어떤 방식으로 우리의 자존감을 흔드는지, 그리고 상처로 인해 다친 자존감을 아물게 하는 방법이 무엇인지를 살펴보았다. 하지만 사실 상처 회복과정은 단순히 무너진 것을 다시 일으키는 과정뿐만 아니라 무너진 것을 다시 일으키며 더 탄탄해지는 과정도 포함한다.

이 세상 무엇 하나 누구 한 명 흔들리지 않고, 상처입지 않은 것은 없다. 또한 흔들리고 무너지는 경험 없이 단단하게 성장한 물건과 사랑도 없다. 그렇기 때문에 최근 트라우마를 연구하는 학자들은 '트라우마 후 성장'이나 트라우마를 극복해내는 내면의 힘인 '극복력'을 이야기한다.

비온 뒤에 땅이 굳고, 넘어짐을 통해 다시 일어설 수 있음을 증명해 보이는 오뚝이가 있듯이 우리의 자존감은 트라우마 경험을 현명하고 슬기롭게, 그리고 함께 극복해낸 이후 탄탄해진다. 그리고 이 극복과정을 통해 마음으로 얻은 나 자신에 대한 믿음과 확신, 사랑과 존중은 스스로 터득한 것이기에 더 값지고 소중하다.

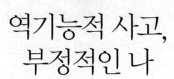

역기능적 사고,
부정적인 나

건강하게 생각할 수 있을 때 우리는 더 건강해지고,
스스로는 물론 타인과 원만한 관계를 유지할 수 있음을 기억하자.

비합리적인 생각의 문제

화창한 봄날, 친구들의 주선으로 소개팅에 나간 주연 씨는 첫
눈에 상대가 마음에 들었다. 소개팅에 나가기 전까지만 해도 '상
대가 마음에 안 들면 어떻게 거절하지?' 하는 마음에 걱정하며
망설이는 마음이 컸던 그녀는 이제 더 본격적으로 걱정을 한다.
'나를 마음에 안 들어 하면 어쩌지?' 라는 마음에 자연스럽게 상
대와 이야기를 주고받기가 힘들다.

소개팅을 마치고 하루가 지나도 상대에게 연락이 없다. 그러자 그녀는 이제 '그 사람이 애프터를 하지 않은 걸 보니 난 매력이 없는 게 분명해. 다시는 소개팅을 하지 않을 거야'라며 절망한다.

사실 소개팅 상대 역시 주연 씨가 마음에 든다. 하지만 그도 소극적인 그녀의 태도를 보며 자신에게 관심이 없는 것만 같아 그저 온종일 전화기를 붙잡고 고민하고 있다. 그 역시 주연 씨에게 거절당할까봐 두려운 마음에 관심을 표현하기 힘들어하는 것이다. 이처럼 자존감이 낮은 사람들은 관계의 시작조차 어려워한다.

지호 씨의 아버지는 온종일 술로 시간을 보낸다. 오랫동안 다니던 회사에서 퇴직금도 받지 못하고 쫓겨난 아버지는 퇴사한 지 10년이 넘었지만, 지금도 여전히 '그때 회사가 어려워질 것을 미리 알았어야 했는데…' 하는 생각에 갇혀 있다.

그는 마음으로는 아내와 자녀들에게 미안함을 느끼지만 이를 표현하는 것이 마치 산을 옮기고 바다를 건너는 것만큼 어렵다. 도리어 미안한 만큼 가족들에게 짜증과 분노를 폭발하며 자신만의 원칙과 생각을 강요한다.

자녀들에게는 전공과 무관하게 무조건 그가 생각하기에 좋은 직장에 취직할 것을 강요하고, 생활비를 버느라 늦게 들어오는 아내에게는 살림을 제대로 해야 한다며 호통을 친다. 그의 경직되고 비합리적인 생각과 원칙 때문에 그는 점점 더 세상 속에서 고립된다. 그는 자신이 스스로에게 강요하던 고집스러운 원칙들이 어그러지면서, 좌절하고 절망하던 마음을 잘 추스르지 못했기에 더욱 타인에게 독재적이다.

소개팅에 나간 주연 씨와 독재적인 방식으로 자신의 생각을 고집하는 지호 씨의 아버지는 모두 낮은 자존감이라는 증상을 드러낸다. 그들의 생각은 결코 합리적이지 못하고 왜곡되고 경직되어 있다. 그리고 그들의 그런 특징은 자신의 자존감을 세워 주기보다는 그들의 자존감을 더욱더 다치게 한다.

가만히 돌아보면 이런 비합리적인 생각의 문제는 비단 주연 씨나 지호 씨의 아버지만 가지고 있는 문제가 아니다. 우리 역시 그들처럼 잘못된 방식으로 생각하고 행동할 때가 있다. 이런 생각과 행동은 우리를 고통스럽게 한다.

인지 왜곡과 자존감의 관계

아론 벡(Aaron Beck), 데이비드 번즈(David Burns) 같은 인지 치료 이론가들은 우리를 경직시키고 우울과 불안에 밀어 넣으며 우리가 타인과 맺는 관계에 해로운 영향을 미치게 만드는 생각을 '인지 왜곡(cognitive distortion)'이라 보았다.

그들이 정리한 왜곡 가운데 주연 씨와 지호 씨의 아버지가 보이는 인지 왜곡을 살피고, 이런 인지 왜곡이 우리의 자존감과 어떤 관계를 맺고 있는지 살펴보자.

1. 전부 아니면 전무(All or Nothing)

주연 씨는 많은 상황을 흑백논리로 판단하는 일이 많다. 그녀는 소개팅에서 애프터를 받지 못했다고 자신을 매력이 전혀 없는 사람이라고 생각한다.

주호 씨의 아버지도 같은 방식으로 생각하고 이야기한다. 그는 자녀들이 자신과 다른 의견을 내놓으면 단번에 "너희들이 내 이야기를 안 듣는 것을 보니 나를 무시하는 것이 분명해"라고 말하며 펄쩍 뛴다.

이들의 생각과 말 속에 나타난 실무율적 사고(all-or-none thinking), 흑백 논리는 중간과정이나 애매모호한 상황을 허용하지 않으며, 언제나 '이쪽 아니면 저쪽'이라는 극단적인 선택과 결론을 내리도록 강요한다. 제3자의 입장에서 이들의 이야기를 들어보면 이들이 가진 사고의 왜곡과 논리의 허점은 명백해 보인다. 하지만 사실 우리 역시 이런 실무율적 사고에서 완전히 자유롭지는 못하다.

이분법적인 흑백논리로 상황을 판단하다 보면 우리의 기대에 맞아떨어지지 않는 경우가 많다. 그러기에 스스로에게는 물론 타인에게도 쉽게 좌절하고 쉽게 분노하게 된다. 그러다 보면 자신과 타인을 있는 그대로 받아들이기도 힘들어진다. 이런 사고 방식은 자신과 타인에 대한 신뢰가 부족해 불확실성을 견디기 힘들어할 때 나타나기 쉽다.

우리가 우리 스스로를 소중히 여기고 스스로를 강하게 만들기 위해서는 나를 둘러싼 세상과 타인을 이것 아니면 저것, 흑 아니면 백으로 분리하는 것을 지금 당장 그만두어야 한다. 이 세상에는 검정과 흰색으로 묶일 수 없는 다채로운 색들이 향연을 펼치고 있으며, 심지어 검정과 흰색조차 다양한 모습을 띠고 있으니 말이다.

2. 당위의 사고(Should)

자존감이 낮은 사람일수록 자신을 지금 모습 그대로 받아들이기보다는 'OO해야 한다'라는 당위의 생각으로 스스로를 바라보기 쉽다. 그런데 'OO해야 한다(혹은 OO해서는 안 된다)'라는 생각을 많이 하다 보면 자연스레 무언가를 하고 싶어하는 내면의 동기와 에너지는 사그라지고 억지로 자신을 이끌어가야 할 것만 같은 마음이 든다.

알버트 앨리스는 이를 '당위혼란(musturbation)'이라는 개념으로 정리했다. 이는 'OO해야 한다'는 생각 때문에 불필요한 혼란감을 느끼게 된다는 뜻이다. 여러분은 마음속에 어떤 당위의 생각을 가지고 있는가? 그리고 이 생각은 여러분을 얼마나 괴롭히는가?

소개팅을 한 뒤에 애프터를 받아야만 스스로가 매력적이라는 것을 확인받을 수 있다고 생각하는 주연 씨도, 다른 사람들이 자신의 말대로 해야만 자신을 존중하는 것이라고 생각하는 주호 씨의 아버지도 모두 이런 당위의 사고가 불러오는 당위혼란을 느끼고 있다. 그러나 우리가 처한 현실은 언제나 완벽하지 못하고, 우리가 아무리 노력해도 어찌할 수 없는 부분도 많다. 그러기에 우리는 언제나 우리가 정한 기대치에 맞춰 이루는 것이 힘들다.

그러니 'OO 해야 한다' 혹은 'OO 하지 말아야 한다'라는 생각으로 스스로를 옭아매는 순간마다 이를 면밀히 살펴볼 필요가 있다. 'OO 해야 한다'는 마음의 코르셋에 꼭 그렇게 자신을 끼워 맞추기보다는 내 마음이 숨 쉴 틈을 주고 스스로를 존중하고 기다리는 것이 훨씬 중요하기 때문이다.

3. 잘못된 명명과 낙인

언젠가 한 초등학교 선생님이 학생들을 지칭하는 말을 듣고 놀란 적이 있다. 그는 모든 학생들에게 "지현이는 게으른 학생이야", 혹은 "재석이는 수다스러운 학생이야"처럼 학생들을 부정적으로 규정짓는 말씀을 많이 하셨다.

누군가에게 긍정적인 명명을 하는 것도 그 사람을 한 가지 모습으로 규정지음으로써 부정적인 영향을 미칠 수 있는데, 그 선생님의 부정적인 명명이 학생들에게 미칠 영향을 생각하니 걱정스러웠다. 더구나 학생들은 하루가 다르게 무럭무럭 자라며 유연하게 변하고 있는데 말이다.

　그 선생님뿐만 아니라 우리 역시 자신과 타인에 대해 부정적인 명명을 할 때가 있다. 그리고 자존감이 낮은 사람들은 이렇게 습관적으로 스스로에게 부정적인 낙인을 찍는 경우가 많다. 작은 실수에도 "실수했네"가 아니라 "난 어쩔 수 없는 실패자인가봐"라고 말하며 힘들어하는 것이다. 그리고 이런 명명은 타인을 바라보는 방식에도 영향을 미쳐 좁고 편협한 방식으로 바라보게 만든다.

　우리는 누구나 '넌 ○○한 사람'이라고 좁거나 혹은 왜곡된 방식으로 규정할 때 억울하고 갑갑하다고 느낀다. 서로 이렇게 상대방을 규정하다 보면 관계 속 소통이 막히고 소원해질 수밖에 없다.

　그런데도 우리는 자주 보기에 가깝고 서로에 대해 더 잘 안다고 생각할수록 이런 명명과 낙인을 더 쓰기 쉽다. 이를 고쳐나가기 위해서는 일단 스스로에 대한 좁고 왜곡된 낙인을 벗어던지고 모든 상황과 사람을 다른 가능성에 열어두는 사고를 할 필요가 있다.

우리의 자존감을 높이는 사고방식

지금까지 우리는 우리의 자존감을 다치게 하는 인지 왜곡들을 살펴보았다. 이런 인지 왜곡들은 하나 같이 생각이 우리의 정신 건강에 얼마나 중요한가를 보여준다. 보다 건강하게 생각할 수 있을 때 우리는 보다 건강해지고, 스스로는 물론 타인과 원만한 관계를 유지할 수 있는 것이다.

그렇다면 우리의 자존감을 높이는 건강한 생각을 하기 위해 우리에게 필요한 것은 무엇일까? 그 해법은 다음의 두 가지다. 자동적 사고가 아닌 의식적 사고를 하고, 부정적 생각은 긍정적 생각으로 바꾸면 된다.

1. 자동적 사고가 아닌 의식적 사고 하기

앞서 우리는 '인지 왜곡'을 중점적으로 살펴보았다. 인지 치료 이론가들은 이런 인지 왜곡이 의식적인 사고 과정을 통해 나타난 것이 아니라 무의식적이고 습관적으로 나타난 '자동적 사고(automatic thought)'라는 점에서 치료의 실마리를 얻었다.

자신이 무심코 하고 있는 생각의 흐름을 살펴봄으로써 자동적으로 왜곡되는 지점을 찾아내서 보다 바른 방식으로 의식적으로 바꾸어줄 필요가 있다는 것이다. 마치 잘못 형성된 물길을 제대로 된 방향으로 틀어주는 노력을 취하듯 습관적으로 흘러가는

자동적 사고 기록지

심리의 흐름	3월 2일 아침	3월 2일 오후
상황 (Accident)	"넌 참 이기적인 것 같아"라는 친구의 말	모임에서 농담을 했는데 아무도 웃지 않음
신념, 생각 (Belief)	나를 비난하는구나, 의도적으로 나를 괴롭히는구나	다들 지루해하는구나, 나를 썰렁하다고 생각할 거야
결과적 정서 (Consequence)	분노(80)	우울(50), 슬픔(60)
논박, 적응적 반응 (Dispute)	나의 변화를 원하는 충고일지도 몰라(70)	나만 그런 것도 아니고, 또 썰렁한 사람으로 생각하면 어때?(60)
결과 (Effect)	분노(30)	우울(20) 슬픔(20)

생각을 일단 정지시키고 되감기를 해보는 노력을 해야 한다는 것이다.

특히 알버트 앨리스는 자동적으로 떠오른 사고를 기록해보고 논박하는 과정에서 우리에게 더 도움이 되는 방식으로 생각을 바꾸어갈 수 있다고 보았다. 그의 생각은 다음에 제시된 ABCDE 자동적 사고 기록지로 연습해볼 수 있다.

이 기록지는 우리가 어떤 상황을 받아들이는 과정에서 우리를 힘들고 고통스럽게 하는 부정적인 생각들을 잘 다듬을 수 있도록 도와주는 도구라고 할 수 있다. 직접 써보는 것도 좋지만 이 기록지에 나온 요소들을 잘 기억해두었다가 어떤 생각 때문에 내가 고통스러워진다 싶을 때 한번 시도해보면 좋을 것 같다. 여기서 ABCDE는 어떤 상황에 대해 우리가 생각하고 느끼는 심리의 흐름을 이야기해준다.

먼저 대문자 A는 Accident, 즉 상황을 의미한다. 예를 들어 친구가 나를 보며 모임 시간이 변경되었는데 모임 시간이 다 되어서야 연락을 받았다고 하자. 그때 우리의 머릿속에는 불현듯 어떤 생각이 지나간다. 이 상황에 대한 우리의 해석이다.

이를 해석하기 위해 B가 들어간다. B는 Belief, 즉 내가 가진 생각과 신념이다. '역시 나만 소외되었어.' 이런 생각을 하면 결과적으로 화가 난다.

화난 감정은 C로 설명할 수 있으며 Consequence, 결과적 감정이다. 보통 어떤 상황에 대한 우리의 반응은 여기까지 진행된다. 이 과정은 자동적으로 나타나기에 우리는 이런 신념이라는 중간 과정을 생각해볼 겨를도 없이 감정을 느낀다. 그리고 분노와 짜증, 소외감에 파묻혀 혼란스러워 하는 것이다.

그럴 때 필요한 게 D로 Dispute다. 그 생각과 감정에 논박을 하는 것이다. 보다 적응적이고, 건강하고, 긍정적인 방식으로 이 상황의 전체적인 면을 보려고 노력해보는 것이다. 다른 친구들이 일부러 나를 빼놓거나 따돌렸다기보다는 연락하려고 했는데 상황이 여의치 않았을 수도 있고 내 전화기가 꺼져 있었을 수도 있다. 그리고 저번에는 어쩌다 보니 다른 친구에게 연락이 늦게 간 적도 있었다는 것도 생각해본다.

그러다 보면 결과적 E인 Effect가 나타난다. '화'는 덜 나고, 굳이 화를 내며 예민하게 반응해서 그 친구와의 관계를 악화시키고 나 자신을 미워하지 않아도 된다.

일상에서 일어나는 많은 일들을 이런 방식으로 풀어보면 부정적인 기분에 시달리지 않아도 된다. 우리의 기분이 상하고 우리가 스스로를 소중히 여기지 못하게 될 때, 그 이유를 살펴보면 많은 부분 그 상황 자체가 아니라 그 상황을 이해하는 우리의 사고방식과 관련된 일이 많기 때문이다.

2. 부정적 생각을 긍정적 생각으로 바꾸기

자존감이 흔들리는 순간 우리는 불가피하게 부정적 생각과 그 생각이 불러온 부정적 정서에 휘말리게 된다. 그럴수록 우리는 사고의 흐름을 긍정적으로 바꾸려는 시도를 해야 한다. 문을 꼭 닫아둔 실내의 공기가 둔탁해질 때 환기를 시켜 새로운 공기를 맞이하듯 우리 마음에도 '환기(ventilation)'가 필요하다.

우리의 마음속에 부정적 생각이 꽉 들어찬다는 느낌이 든다면 잠시 하던 일을 멈추고 산책을 하거나 긍정적인 메시지를 담고 있는 책을 소리 내어 읽어보는 것도 좋다. 좋아하는 음악을 듣거나 마음을 편하게 해주는 취미를 가져보는 것도 좋다. 한 주 동안의 부정적인 생각을 마음 편히 풀어놓고 비워낼 기회를 주는 상담을 받는 것도 도움이 된다.

부정적인 생각의 바다로 항해하고 있는 우리 마음의 뱃머리를 긍정적인 쪽으로 되돌릴 수만 있다면 어떤 방법이든 괜찮다. 누구나 부정적인 생각에 빠질 수는 있다. 문제는 얼마나 그곳에서 잘 빠져나오는가에 있다.

생각의 흐름을 살피자

마음에 대한 글을 쓰다 보니 다양한 독자들의 이야기를 들을 기회가 많다. 그리고 많은 독자들이 마음에 대한 글을 통해 얻는 가장 큰 소득으로 자신의 생각을 돌아보고, 건강한 생각을 할 기회를 얻게 된 점을 든다. 그만큼 우리가 급하고 바쁘게 세상의 흐름에 나 자신을 맞춰나가느라 내 마음속, 생각의 흐름을 놓치고 사는 일이 많다는 것을 반영하는 것이 아닌가 싶다.

하루의 시작과 끝, 그리고 중간 중간마다 내 마음속 생각의 흐름을 살피자. 이 생각이 건강하고 긍정적일수록 우리의 자존감은 부정적인 생각의 무게에 꺾이지 않고 평온하게 흐를 수 있다.

자책감,
괴롭히는 나

스스로를 책망하며 자책감에서 헤어나오지 못하는 가장 큰 이유는
이 과정을 배움의 과정이 아닌 행위의 결과로 받아들이기 때문이다.

자책감은 자존감을 다치게 하는 중요한 원인

효정 씨는 벌써 십 분 내내 험담을 하고 있다.

"그러면 안 되는 데 그랬다니까요. 아유, 정말 생각이 있는 건지, 머리가 안 돌아가는 건지. 지나고 나면 모든 게 이렇게 분명한데 그게 그때는 잘 잡고 말을 못해요. 말을…."

그녀는 누구에 대해 이렇게 험담을 하는 것일까? 그녀가 험담을 하는 대상은 바로 그녀 자신이다. 험담을 하는 대상도, 험담을 하고 있는 사람도 같은 것이다. 그런데 그녀는 마치 그 곳에 없는 제3자를 이야기하듯 신랄하게 스스로에 대한 비난의 폭격을 쏟아붓고 있다.

사실 그 험담의 내용조차 별것 없다. 다른 사람이라면 웃으며 넘길 만한 사소한 실수에도 그녀는 자기 자신을 이리저리 비난하고 흠잡으며 스스로를 괴롭힌다.

문제는 잘해낸 일이 있을 때조차 이런 맹렬한 비난의 폭격을 멈추지 않는다는 데 있다. 그녀는 잘해낸 일에 대해서는 축소시키고 과소평가하는 데 천부적인 재능을 발휘한다. 반면에 조금이라도 실수를 할 때면 기다렸다는 듯이 자신의 실수에 확대경을 들이대면서 조목조목 따진다.

그녀가 스스로에게도, 그리고 타인에게도 여유가 없는 것은 당연한 일인 것 같다. 그녀의 마음속에는 자책이 크게 자리 잡고 있기에 자기 사랑이나 자기 용서와 같은 말이 자리 잡을 여지가 없는 것이다.

대호 씨는 어렸을 때부터 기질적으로 소심하고 겁이 많았다고 한다. 그의 연년생 형은 쾌활하고 대담한 편이었기 때문에 그의 부모님은 그들을 자주 비교했다.

특히 엄격하고 냉정한 그의 아버지는 그가 머뭇거리거나 겁먹은 표정을 지을 때마다 화를 내며 그를 나무라고는 했다. 그럴수록 그는 더욱 소심해지고 겁을 내게 되었다. 그러면서 이제는 누가 뭐라고 하지 않아도 쉽게 긴장하고 겁먹는 자신이 너무 싫다고 말한다.

최근 그는 여러 사람 앞에서 발표를 해야 했는데, 그 후 쥐구멍에 숨고 싶을 정도로 괴로웠다고 했다. 그리고 왜 그렇게 밖에 못했느냐고 스스로를 비난하고 책망하느라 한참동안 어떤 것도 할 수 없었다고 했다. 그는 스스로를 책망하는 목소리가 아버지의 목소리와 비슷하다는 것을 시간이 한참 흐른 후에야 알게 되었다.

효정 씨와 대호 씨의 모습은 여러분의 모습과 얼마나 많이 닮아 있는가? 그들의 모습과 여러분의 모습이 더 닮아 있을수록 여러분이 낮은 자존감에 시달리고 있을 가능성도, 그리고 자기 비난으로 인해 앞으로 더 낮은 자존감에 시달리게 될 가능성도 크다. 왜냐하면 자책감은 자존감을 다치게 하는 중요한 원인이자, 다친 자존감 때문에 나타나는 중요한 결과이기도 하기 때문이다.

책망하는 그때마다 스스로를 살피자

다른 사람들은 괜찮다고 하는데 내가 한 일에 대해 자꾸만 부정적인 평가를 내리게 되는가? 자그마한 실수에도 마음이 쓰여 스스로를 괴롭히게 되는가? 잘했다고 안심하고 싶은 순간조차 잘못한 것이 있는 것 같아 스스로를 평가절하하게 되는가? 그렇다면 여러분은 '자책'이라는 무거운 무게 추가 끌어내는 자존감의 문제에 시달리고 있을 가능성이 크다.

스스로를 책망하는 순간마다 우리의 자존감은 다치게 된다. 그러니 책망하게 되는 때마다 다음 세 가지 면에서 스스로를 살펴보도록 하자.

1. 내면화와 사회화

가만히 책을 내려놓고 내 몸을 느껴보자. 눈을 깜빡여보고 고개를 저어보자. 두 손을 들고 흔들어보고 어깨를 으쓱해보자. 어떤 이유에서든 몸이 불편한 경우가 아니라면, 우리는 우리의 몸을 이렇게 느끼면서 스스로가 신체적으로 분리되고 독립적인 존재라는 것을 느낄 수 있다.

그런데 우리 마음은 어떤가? 우리 마음이 우리가 몸담고 있는 이 세계, 그리고 우리가 관계를 맺고 있는 타인과 분리되어 있을까?

우리는 이 질문에 대해 완벽히 그렇다고 말할 수 없다. 뿐만 아니라 우리의 신체가 분리되고 독립되었다고 답한 조금 전 답에 대해서도 정말로 그런지 다시 생각해보게 될 것이다.

우리의 마음은 우리가 몸담고 있는 세계의 가치와 우리가 관

138

계 맺고 있는 사람들의 가치를 선택하고 수정하고 받아들이는 과정을 통해 오늘에 이르렀다. 이를 마음으로 받아들이는 '내면화(internalization)'와 '사회화(socialization)'가 이루어졌고, 지금 이 순간에도 이루어지고 있는 것이다.

점점 커가면서 우리가 스스로 선택하고 판단하며 받아들이고 탈락시키는 과정을 보다 주체적이고 힘있게 할 수 있지만, 아주 어린 시절이나 우리가 약했던 때에는 주변 사람들이나 환경의 가치를 일방적으로 따를 수밖에 없었다. 그때는 그것이 우리에게 최선이었을 뿐만 아니라 유일한 것이었기 때문이다.

어머니의 몸에 연결되어 있던 우리의 신체는 3~5세 사이가 되면서 완전히 분리해 독립하게 되었지만 우리의 마음을 이렇게 분리해서 바라보기는 어려울 때가 많다. 누군가의 높고 엄격한 가치를 내면화하고, 사회가 중시하는 가치를 받아들이면서 자신이 고유하게 가지고 있던 특성을 평가절하하게 된다면, 우리는 스스로를 냉혹하고 이질적으로 바라보며 자주 책망하게 된다. 그러다 보면 쉽게 자책감을 느끼게 된다.

실수하는 순간 효정 씨가 스스로에 대해 험담하는 목소리, 대호 씨가 책망하는 목소리가 과거에는 그들 밖에 있었으나 이제는 안에서 그들을 흔드는 것이다. 그러니 대호 씨는 이제 아버지가 없을 때조차 아버지의 시각으로 자신을 바라보며 꾸짖는다.

그리고 자신을 꾸짖는 목소리가 어디에서 왔는지도 모른 채,

그 목소리에 힘을 실어주는 것이 옳은 것인지, 그른 것인지도 의문을 품어보지 않은 채 합당한 이유 없이 스스로를 괴롭힐 때가 많다. 극단적인 경우 어떤 사람은 평생 동안 단 한 번도 부모님의 목소리에서 완전히 떨어져서 자신을 바라보지 못한 채 살기도 한다.

2. 완벽주의

스스로를 책망하고 자책하는 사람 중에는 완벽주의적인 성격을 가지고 있는 사람들이 많다. 그리고 이런 완벽주의자들은 스스로가 완벽주의자인지도 모른 채, 그저 쉽게 우울해진다고 말하기도 한다.

혜선 씨의 이야기에 귀를 기울여보자. 그녀는 자주 우울해한다. 그러면서 자신이 별것도 아닌 일에 우울해한다며 스스로를 책망한다. 최근에 우울하게 된 계기를 묻자 그녀는 처음에는 쉽게 답하지 못한다.

그런데 한참 이야기해본 끝에 그녀는 모든 게 새로 산 지갑에 난 작은 스크래치에서 시작된 감정이었다는 것을 알아내고는 놀라워한다. 자신과 관련해서 작고 사소한 것 하나도 완벽하고 온전하기를 바라는 마음이 있다는 것을 예전에는 미처 몰랐다는 것이다.

"친구들 사이에서 저는 오히려 털털하고 신중하지 못하다는 이야기를 듣는 편인걸요. 그런데 한편으로는 이렇게 다 완벽하기를 바라는 마음이 있다는 것조차 모르고 있었네요."

그녀는 자신이 어떤 기준으로 자신과 자신을 둘러싼 세계를 바라보고 있는지도 모른 채, 모호하고 높은 기준으로 자신을 책망하며 우울해진다는 사실을 깨닫고 책망을 멈추기로 했다. 우리의 마음에도 관성이 있기에 변화는 쉽지 않지만 적어도 자신이 어떤 기준으로 스스로를 바라보는가를 아는 것이 중요하다.

3. 관찰하는 자아

미국의 티머시 골웨이(Timothy Gallwey)는 테니스 강습을 하면서 우리의 잠재력을 방해하는 우리 안의 적을 발견했다. 이 적은 우리가 우리의 잠재력을 펼치려 할 때마다 딱딱하고 엄숙한 목소리로 우리의 수행을 평가하며 우리의 모습을 편안하게 이 세계에 내놓지 못하게 한다.

그는 이를 깨닫고 우리의 자아를 '셀프1'과 '셀프2'로 나누어 『이너게임』이라는 책을 통해 설명했다. 어떤 수행을 하든 우리 마음속에서는 게임이 펼쳐진다는 것이다.

그 결과 처음에 테니스 강습 책으로 나왔던 이 책은 테니스 선수들뿐만 아니라 자신의 잠재력을 십분 발휘하고 싶어하는 많은 사람들의 사랑을 받게 되었다. 그리고 그는 후에 이 이론을 바탕으로 스키에 대한 어떤 지식 없이 스키 선수들을 가르치기도 했고, 또 스포츠 외에도 AT&T와 같은 세계적인 기업에 이 이론을 적용하기도 했다.

그가 설명한 셀프1과 셀프2의 원리는 우리가 우리 스스로를 객관화하고 대상화해서 살펴보면 타인을 의식하면서 집중이 분산되어 우리의 수행이 얼마나 큰 해를 입게 되는가를 잘 보여준다. 그리고 이는 우리의 수행뿐만 아니라 우리의 건강한 마음에도 적용 가능한 원리라 할 수 있다.

우리가 우리 마음을 관찰하고 제3자의 입장에서 살피다 보면 우리가 스스로 느끼는 자기 본연의 욕구와 감정, 사고와 행동을 신뢰하고 존중하지 못할 가능성이 커지고, 타인의 평가와 가치에 더 큰 무게중심을 두게 되는 것이다. 더구나 타인의 가치와 평가는 변덕스러우면서도 모호할 때가 많기 때문에 우리는 이에 더 세차게 흔들리며 약해진 자신을 더 호되게 책망하게 되기도 한다.

티머시 골웨이는 우리가 스스로를 관찰하고 비평하는 셀프2의 말을 들으며 셀프1을 평가하고 책망하기보다는 그저 셀프1에만 집중하며 우리 내면의 잠재력을 믿을 때 더 행복하게, 그리고 더 나은 수행을 할 수 있다고 말한다.

나는 코치의 지시가 학생의 움직임을 통제함으로써 학생 내부의 불필요한 대화를 만들어내고, 그것이 그들이 타고난 능력을 발휘하는 데 장애로 작용한다는 것을 점차 인식하게 되었다. 학생들은 위대한 스포츠 선수들이 말하는 평온하고 집중된 상태와는 전혀 다른 심리 상태에서 플레이를 하고 있었던 것이다.[8]

타인의 피드백을 받아들이는 우리의 마음가짐

우리는 지금까지 자책하기 때문에 다치게 되는 우리의 자존감을 여러 면에서 살펴보았다. 결론적으로 말하자면 스스로를 평가하고 책망하지 않는 것이 우리의 자존감에 좋다는 것이다. 그런데 이런 이야기를 들으면 어떤 사람은 이렇게 반론을 할지도 모르겠다.

"그렇다고 정말 잘못했는데 그냥 넘어갈 수는 없지 않나요? 그리고 어떤 말이 비난인지 비판인지 어떻게 구분하나요? 기준이 높아야 발전이 있지 않나요?"

맞는 말이다. 우리는 실수와 그에 대한 타인의 피드백을 통해 성장하고, 우리가 세운 기준에 도달하려 노력함으로써 발전해간다. 또한 우리는 완벽하지 않기에 건설적인 비판을 필요로 하기도 한다. 그러기 위해서는 타인의 피드백을 받아들이는 우리의 마음가짐을 먼저 살필 필요가 있다.

일단 우리는 실수를 결과가 아닌 과정으로 받아들이는 마음을 가져야 한다. 우리가 스스로를 책망하며 자책감에서 헤어나오지 못하는 가장 큰 이유는 이를 배움의 과정이 아닌 행위의 결과로 받아들이기 때문이다. 그러나 이를 과정으로 받아들일 때 우리는 '자책'이 아닌 '성찰'을 할 수 있다.

또한 비판과 비난을 구분하기 위해 타인의 피드백을 나란 존재 전체에 대한 고정적인 평가가 아닌 지금 내가 한 과제에 대한, 지금 이 순간의 잠정적 의견이라고 보는 자세가 필요하다. 그러면 지금 당장은 아프고 쓰게 느껴져도 결국 나를 들어 올려줄 비판은 받아들이고, 아무 의미 없이 아프고 쓰기만 한 비난은 무시할 수 있는 마음의 힘이 생길 것이다.

마지막으로 '기준이 높아야 발전이 있다'는 말은 어떤 면에서는 사실일지 모른다. 그러나 너무 높은 기준은 우리의 발전을 오히려 저해한다. 몰입과 수행 수준을 연구하는 학자들은 이구동성으로 너무 높은 기준도, 너무 낮은 기준도 우리의 수행을 방해한다고 말한다. 그때그때 나에게 조금 어려운 듯 보이는 과제에 도전해나가는 것이 결국 나에게 도움이 된다는 것이다.

그러니 무턱대고 높은 기준에 맞지 않는다고 스스로를 책망하지는 말자. 외부의 기준보다 더 중요한 것은 나의 수준을 바로 아는 것이다. '기준이 높아야 발전이 있다'는 말보다는 '나의 수준을 알아야 발전이 있다'는 말이 더 적합할 것이다.

자신을 위로해주자

두 번째 책 『괜찮아 괜찮아 괜찮을거야』를 내고 난 뒤 책의 제목에 대해 다양한 이야기를 들었다. 어떤 사람은 책의 전면에 세 번이나 반복되는 '괜찮아' 라는 말에 책을 읽기도 전에 위로를 받았다고 말했다. 또 어떤 사람은 '괜찮아' 라는 제목을 달고 있는 책이 많기 때문에 제목이 진부하다고 말했다. 또 어떤 사람은 타인이 자신에게 해준 어떤 위로보다도 '괜찮아' 라는 말에 위로를 받았다고 했고, 또 어떤 사람은 과거에 자신을 절망의 구렁텅이에서 스스로 꺼낼 수 있게 해준 말이 '괜찮아' 였다고 고백하기도 했다. 또 어떤 사람은 스스로에게 '괜찮아' 라고 되뇌는 횟수가 반복될수록 타인에게도 '괜찮아' 라는 말을 건넬 수 있었다고 한다. 저마다 '괜찮아' 라는 말에 대한 느낌이 다르고, '괜찮아' 라는 말을 해준 사람도 다르고, '괜찮아' 라는 말이 절실했던 순간도 달랐지만 이들은 모두 '괜찮아' 라는 말에 담긴 위로의 힘을 이해하고 있었다.

바로 앞 단락에서 총 열 번의 '괜찮아' 를 반복적으로 읽은 지금 여러분의 마음은 괜찮은가? '괜찮아' 라고 마음의 입으로 여러 번 따라 해보았다면 자신도 모르는 사이에 이 말이 여러분의 마음을 편하게 해주었을지도 모른다. 언어는 우리의 마음속에 잔잔히 공명해 우리 마음을 움직이는 힘을 가지고 있기 때문이다. 여기에서 말하는 언어는 비단 우리가 소리 내어 밖으로 내뱉는 언어만을 의미하지 않는다.

우리가 보다 중점적으로 귀 기울여 들어볼 필요가 있는 언어는 바로 우리 내면의 언어다. 소리로 들리지는 않지만 사실 우리 내면의 언어는 더 큰 소리로 우리에 대해 말해주고 있다. 여러분이 자존감이 낮은 사람이라면 '괜찮아'라고 스스로나 타인에게 말하기 어려울 가능성이 크다. 자존감이 낮을수록 스스로를 못마땅하게 여기는 마음이 크고, 작은 실수도 그대로 받아넘기기 어렵기 때문이다.

우리가 표현하는 언어에는 우리의 마음이 담겨 있다. 많은 사람들이 타인에게 건네는 언어와 소리로 들리는 언어에는 그나마 신경을 쓰는 편이지만, 우리 마음속에 메아리치는 언어에 대해서는 놀라울 만큼 무심할 때가 많다.

특히 낮은 자존감을 가진 사람들이 자신에게 내뱉는 언어를 들어보면 부정적이고 파괴적이며 비합리적이기까지 한 혹독한 평가가 깔려 있다. 이들은 스스로에게 위로의 언어를 건네야 할 순간마저 자신을 몰아붙이며 타인의 위로도 마음으로 받아들이지 못하고 건성으로 받아들인다.

그러나 우리는 누구나 살면서 뜻대로 되지 않는 일이 많고, 인간적 한계에 부딪치게 되는 경우가 많다. 그리고 그때마다 우리는 위로를 필요로 한다. 다른 누구의 위로보다 중요한 것이 자기 스스로에게 건네는 위로다.

비타민이 부족한 시기에 우리 몸은 비타민을 달라고 아우성친다. 그리고 위로가 필요한 시기에 우리 마음 역시 위로를 기다린다. 비타민이 필요한 우리 몸에 비타민을 분해시키는 해로운 음식을 주면 안 되는 것처럼 위로가 필요해진 우리의 마음에 위로의 말을 건네자. 척박해진 마음 밭에 다정한 단비가 내리면 우리 마음을 더 살찌게 해준다.

나를 가장 잘 보듬어줄 수 있는 사람은 바로 나

우리는 누구나 비난과 험담을 듣기 싫어한다. 그리고 때로는 우리를 위해 건네는 건설적이고 합리적인 피드백조차 아프게 듣기도 한다. 그런데 우리는 타인이 우리를 험담하거나 직언을 해줄 때는 발끈하면서 정작 우리가 스스로에게 하는 험담은 아무런 비판 없이 남발하는 경우가 많다. 그리고 우리 스스로 타인보다 더 못한 방식으로 스스로를 가혹하게 대할 때가 많다. 내가 나를 보듬어주어야 할 시기조차 자신을 홀대하고 냉대하는 것이다.

가장 오랜 시간을 함께하고, 가장 나를 잘 알고 있고, 가장 사랑하고, 가장 인정받고 싶은 나 자신에게 가차 없이, 그리고 끊임없이 홀대받고 냉대받을 때 우리 마음은 작아질 수밖에 없다. 이제 그만 나를 괴롭히자.

실수하고 넘어질수록 좌절스런 감정을 스스로에게 그대로 쏟아붓기보다는 다친 데는 없는지 살피고 다음에 더 잘할 수 있도록 스스로를 격려하자. 나를 가장 잘 보듬어줄 수 있는 사람은 다른 누구도 아닌 바로 '나' 니까.

거절과 거부,
환영받지 못한 나

어린 시절에 모자랐던 사랑과 관심, 그에 따른 거절의 상처를
지금이라도 다독이며 보듬어주고 살펴주고 적절히 표현하자.

전폭적으로 환영받지 못했던 나의 탄생

모든 사람들은 이 세상에 축복받고 환영받으며 태어나고 싶다. 아니, 이것은 당위다. 우리는 모두 축복받고 환영받으면서 태어나고 자라야 한다. 적어도 태어나는 순간만은 오랫동안 기다리고 기대하던 만남의 주인공이 되어야 한다. 그리고 우리는 자신의 탄생을 정확하게 기억하지 못하기 때문에 자라면서 태어날 때 축복받고 환영받았는가를 이야기해주거나 암시해주는 누군가를 필요로 한다.

기억이 가물가물한 어린 시절, 시간의 순서와 논리적 연계성이 뒤떨어진 우리의 기억 속에서 어렴풋이 기억한 우리의 탄생에 대한 암시는 우리의 현재 모습 그리고 마음과 연관이 있다. 그래서 아동상담사들은 아이에 대한 심리 검사를 할 때 그 아이가 어떤 배경에서 자랐는가를 가늠하기 위해 아이의 어머니에게 이런 질문을 한다.

"계획된 임신이었나요?"

"아이가 태어났을 때 어머니를 비롯한 주변 사람들이 아이의 탄생을 어떻게 받아들였나요?"

이런 질문을 던지는 이유는 간단하다. 아이를 많이 기다리고 환영하는 분위기 속에서 태어난 아이와 그렇지 않은 아이는 확실히 다르기 때문이다.

타인의 보호와 사랑 없이 어떤 것도 혼자서 할 수 없는 약한 존재로 태어난 아이는 전적으로 주변 사람들의 손길에 자신의 생존을 걸고 있다. 그러기에 아이들은 본능적으로 사람들의 반응에 민감하다. 아이는 체계적이거나 논리적으로 사고하거나 기억할 수 없어도 자신을 보는 타인의 시선을 예민하게 의식한다. 살아남기 위한 일종의 생존기제인 셈이다.

그런 아이의 본능과 감각은 아이의 미숙함과 약함 때문에 쉽게 왜곡되기 쉽지만, 그럼에도 아이가 어린 시절에 감지한 것과

'계획된 임신이었는가' 에 대한 어머니의 대답은 대개 일치한다. 준비되지 않았거나, 집안에서 아이의 탄생을 전적으로 환영하고 지지할 수 없는 분위기였다면 그 때문에 아이는 어딘가 감정적 상처를 입는다.

그리고 아이가 커가면서 그 상처가 치료되지 않을 때 어른이 되어서도 자신의 생각과 느낌, 그리고 행동에 패턴으로 상처가 박혀 있다. 그렇게 박혀서 쉽게 변화시키기 어려워진 그 패턴의 이름은 낮은 자존감이다. 낮은 자존감은 '내가 전폭적으로 환영 받지 못했다' 는 느낌이 주는 결과인 것이다.

환영받지 못했다는 느낌을 가진 아이가 어른이 되면

'환영받지 못했다는 느낌' 은 이제 어른이 된 사람들에게 다양한 모습으로 나타난다. 이 모습은 크게 네 가지로 나누어볼 수 있다.

사람마다 정도의 차이는 있지만 자신을 환영하지 않는 환경을 어떻게 인식하고 받아들이며, 완벽하지 않은 환경에서 잘 살아 남기 위해 어떤 전략을 주로 사용했는가에 따라 이 모습은 조금씩 다르게 나타난다.

1. 항상 생산성에 집착하는 사람

시간과 시간의 틈을 견디지 못하는 사람들이 있다. 이들은 쉬고 있거나 가만히 있는 자신을 그냥 내버려둘 수가 없다. 쉬고 있는 순간에도 무언가를 해야 할 것만 같고, 자신이 고요하게 가만히 있으면 생산적인 사람이 되지 못할까봐 괴로워진다. 언제 어떤 자리에서도 환영받기 위해서는 그냥 보통이거나 그냥 있어서는 안 되었기 때문이다.

이들은 무언가를 잘하거나 월등히 뛰어나야 환영받기 쉽다고 생각하기에 필사적으로 무언가를 생산한다. 이들의 머릿속·가슴속 공식을 살펴보면 이들이 생산적이지 못한 사람이 되는 것은 사랑받고 환영받지 못하는 것과 동급이다.

이들이 생산성에 그토록 집착하는 것은 아무것도 하지 않아도 온전히 사랑받아야 할 그 시기에 사랑을 충분히 받지 못했다고 느끼기 때문이다. 손상된 사랑과 부족한 환영은 이들의 가슴속에 멍을 남기고, 이들은 이 멍을 그대로 안고 생산적이지 않고는 못 견디는 인생을 산다.

2. 부족하고 부적절하다는 느낌

어떤 사람은 자신의 주장을 내세우기보다는 끊임없이 타인에게 맞춰준다. 이게 아닌데 싶으면서도 아니라고 당당하게 이야기하지 못하고, 그러다 보면 자신이 무엇을 원하는지도 잃어버리게 된다.

이들은 타인을 배려하고 눈치 보느라 애써 타인에게 맞춘다. 하지만 다른 사람들은 이런 이들을 고맙게 여기고 열렬히 환영하며 수고로움을 알아주기보다는 당연시하거나 이들의 노력을 모를 가능성이 크다. 원래부터 자기 주장이 없다고 생각하거나 때로는 답답해하기도 한다.

이들이 자기 이야기를 확고하게 하지 못하는 이유는 불안하기 때문이다. 애초부터 자신이 환영받지 못했기 때문에 어떤 이야기를 할 때, 그 이야기나 자신의 주장도 있는 그대로 환영받지 못할 거라고 지레짐작하고 불안해하는 것이다.

사실 이들은 이런저런 고민과 성찰 끝에 그런 주장을 펼친다고 사람들이 자신을 내치지 않을 것이라는 사실을 머리로는 알고 있다. 그리고 이들의 의견과 성취는 여러 번 칭찬받기도 했다. 그럼에도 이들의 마음속 밑바탕에 깔린 '환영받지 못했다는 느낌'은 이들이 자기 생각, 자기 느낌을 있는 그대로 인정하고 따르기 힘들게 한다.

이들은 칭찬을 받아도 말뿐이고 그 때뿐이다. 자신이 진정 환영받을 만한 소중한 존재라는 사실을 마음으로 느끼지 않으면, 타인의 칭찬이 이들의 마음속 정중앙에 박혀 오래 간직되기 쉽지 않은 것이다.

3. 완벽주의

완벽주의 성향이 강한 사람들 중에도 환영받지 못할까봐 전전긍긍하는 모습이 나타난다. 완벽을 기하는 사람들은 자신과 관련된 모든 것이 흠잡을 데 없이 완전무결하기를 바란다. 왜냐하면 환영받지 못한 느낌은 애초부터 자신을 '손상된 존재'로 보게 하기 때문이다.

이들은 자신을 완벽주의의 갑옷으로 잘 무장하지 않으면 안 된다고 생각하며, 자신의 갑옷이 갑갑하기는 해도 이를 벗어 내려놓기는 힘들어한다. 갑옷을 입고 있는 갑갑함보다는 갑옷을 벗었을 때의 불안이 더 큰 것이다.

이들은 모든 것을 완전무결하게 하는 갑옷을 입고 있을 때에 자신이 더 사랑받고 환영받는다고 굳건히 믿고 있다. 그리고 사회 곳곳에서 성취와 완벽함을 강조하기에 이는 어느 정도 사실이었다. 잘하고 완벽해져야 칭찬받고 환영받을 수 있다고 생각하는 이들은 자주 힘들어지고 아무리 노력해도 스스로에게 만족하기 힘들어한다. 또한 지금 이 순간 완벽하다고 해서 계속 그럴 수 있으리라는 보장이 없기도 하다. 왜냐하면 '완벽'은 이상일 뿐 어느 누구의 현실도 되기 힘들기 때문이다.

더군다나 이들은 타인이 완벽이라 규정하는 상황에서도 스스로를 부족하다고 평가할 가능성이 크다. 스스로를 환영하고 사랑해주지 못하는 것이다.

4. 투쟁하는 냉소성

어떤 사람들은 평생 자신이 환영받지 못했다는 느낌에 대대적인 투쟁을 벌이며 산다. 이들은 무척이나 냉소적이다. 어떤 희망의 불씨와 사랑의 조짐도 차갑게 꺼버리고 등을 돌리는 것이다.

그러는 동시에 매서운 말을 내뱉기도 한다. 환영받지 못했다는 느낌은 이들에게 분노를 일으키고, 자신이 환영받지 못할 바에야 먼저 세상을 환영하지 않겠다는 마음도 만들어낸다.

그 결과 이들은 애초에 환영받지 못해서 환영받고 사랑받을 수 없는 조건을 스스로 만들어낸다. 참 안타까운 일이다. 사랑받고 환영받아야 이들의 굳은 마음이 풀릴 텐데 자신의 마음은 모르고 환영받기 힘든 행동을 해버리니 말이다.

상처 복구 작업과 충분히 좋은 엄마

환영받지 못해서 상처받은 마음을 안고 자란 우리는 어느 순간 그 사실을 깨닫고는 분노하고 원망하게 되기도 한다. 그리고 이런 분노와 원망, 아쉬움은 우리와 가장 가까운 사람, 특히 부모님께 향하기 쉽다. 왜 그렇게 우리를 사랑해주고 환영해주지 않았는지 원망하고 싶어지는 것이다.

이런 감정은 다분히 건강하고 정상적이다. 하지만 이런 감정을 있는 그대로 표현하기 전에 부모님에 대해 더 찬찬히 살펴볼 필요도 있다. 대개 우리 부모님이 어른이 되어 우리를 세상에 내어놓은 시기에 그들의 상황이 온전치 못했을 수도 있기 때문이다. 그들은 아주 어린 나이에 예기치 않게 충분히 준비하지 못한 상태에서 누군가를 낳아 기를 막중한 책임을 안게 되었을 수도 있다.

몸이 아팠을 수도 있고, 마음이 아팠을 수도 있다. 출산 후 호르몬의 변화로 인해 산후 우울증에 시달렸을 수도 있다. 또한 경제적인 여건이 좋지 않아 스트레스를 많이 받았을 수도 있고, 반대하는 결혼을 했거나, 시집살이를 엄하게 해서 힘드셨을 수도 있다. 아들을 낳아야 하는 압박감 때문에 딸아이를 환영해주기 어려웠을 수도 있다. 그리고 어떤 부모님은 이 모든 스트레스 요인을 안고 있었을 수도 있다.

이런 부모님들은 우리를 마음으로는 환영하고 사랑했다고 해도 이를 잘 표현하지 못했을 것이 뻔하다. 이들 역시 낮은 자존감에 시달리고 있었을 가능성이 크다. 자신이 환영받아서 좋았던 경험을 하지 않고서는 그 누구도 타인을 온전히 환영해주기 힘든 것이다.

그러니 무작정 화내고 분노하고 힘들어하기 전에 부모님과 여러분에게 기회를 줘라. 가만히 다가가서 묻자. "나 낳아서 기를 때 어땠어요?"

어떤 분은 이 질문을 너무 오래 묵혀두고 있었는지, 이 이야기를 하자마자 어머니가 우시더라고 했다. 어머니도 많이 힘드셨는데 그동안 그런 이야기는 못하고 '짜증과 비난 섞인 대화, 그러다 침묵'만 계속 했었다는 것이다. 사실 어머니가 전폭적인 지지와 환영의 세례를 퍼부어주어도 사랑과 환영에 언제나 목마른 우리는 언제고 부족하다 느낀 부분이 있었을 것이다. 꼭 그 모든 것이 채워지길 기대하지는 않더라도 그에 대해서 표현하고 대화할 수만 있다면 우리는 충분히 만족하게 된다.

위니캇이라는 학자는 꼭 완벽하게 우리를 품어주지 않더라도 어느 정도 좌절을 주고, 가끔씩 우리의 사랑과 환영에 대한 기대를 빗겨가기는 하지만 그럼에도 충분히 좋은 우리의 현실적인 어머니를 지칭해 '충분히 좋은 엄마(good enough mother)'라는 개념도 내놓았다.

사실 부모님이 완벽하게 품어주었다고 해도 사회에 나가면 통과의례처럼 좌절을 경험할 수밖에 없는데 좌절이 없는 완전무결한 환경에서 온실 속 화초로 자라는 것은 부적절할 뿐만 아니라 불가능하다는 것이다. 게다가 이런 아이는 자신의 한계를 모르고 자라기 쉽고, 그러기에 조금만 뜻대로 안 되어도 쉽게 좌절하기 쉽다. 사랑과 환영을 표현해주되 조금은 서투르고 약간은 모자란 환경 속에서 우리는 가장 무럭무럭 자란다.

어린 시절에 모자랐던 사랑과 관심, 그에 따른 거절과 거절의 상처를 지금이라도 잘 보듬어주고 살펴주고 적절히 표현하자. 그리고 그렇게 환영받지 못했다는 느낌을 지나가자. 그런 다음 엔 커서도 초대받지 못한 손님 같이 어정쩡한 자세로 있었던 시간도 다독여주고, 부족함을 느껴 완벽하려고 했던 마음, 생산성만을 좇으며 나를 쉽게 내버려두지 못한 마음, 세상에 냉소적이며 투쟁만 하려 했던 마음을 잘 매만져주자.

이제 새로운 탄생이다. 나를 품어주는 충분히 좋은 이 현실적 세상에 포근히 안겨보자. 세상은 당신의 탄생을 환영한다. 그리고 모든 사람이 열렬히 당신을 사랑하고 지지하며 환영하지는 않더라도 세상 사람들 가운데 당신을 당당히 사랑하는 사람이 분명히 있다. 그런 사람에게 안기고, 그런 사람의 손을 잡자. 정말, 그래도 된다.

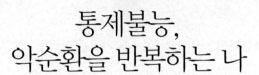

통제불능,
악순환을 반복하는 나

자신에 대한 부정적인 생각과 감정은 자기 파괴적 행동을 불러온다.
그러다 보면 스스로에 대한 자신감은 물론 자존감도 낮아지게 된다.

자기 파괴적 행동과 습관

서른 살 윤지 씨는 폭식과 거식을 반복한다. 어느 정도 심한가
를 물으니 생활에 큰 지장이 있을 정도는 아니지만 다른 사람 앞
에서 농담 삼아 말하기는 어려울 정도라고 대답한다. 그래서 그
녀는 상담을 받아야 할지 말아야 할지 오래 고민해왔다고 한다.
지난주에는 큰마음 먹고 상담 신청을 했지만 오기 전까지 가야
하나 말아야 하나 마음을 정하기가 힘들었다고 한다. 자신의 의

지로 생활 습관도 고치지 못한다는 것을 인정하기가 싫었기 때문이다.

대학 4학년인 소민 씨는 게으른 자신을 탓하며 괴로운 시간을 보내고 있다. 이제 취업 준비를 본격적으로 해야 할 시기가 왔지만 해야 할 일을 차일피일 미루는 생활을 반복해오다 보니 습관을 바꾸는 일이 쉽지 않다. 과제도 밀리고, 영어 공부도 밀리고, 친구들과의 약속에도 늦고, 취업 공고에 맞춰 원서를 쓰는 일도 제대로 못하다 보니 그녀는 자신의 인생 자체가 밀린 숙제 더미처럼 거대하고 무겁게만 느껴진다. 괜스레 스스로에게 짜증을 부려보지만 달라지는 일은 없다.

혼자 자취하는 현서 씨의 생활에는 술 아니면 게임밖에 없다. 그는 기분이 나쁠 때마다 너무 많은 술을 마셨고, 모든 게 귀찮을 때마다 게임으로 도피했다. 뭔가를 찾아보기 위해 인터넷을 켰다가도 눈에 들어오는 기사들을 따라가고 다운받은 영상물들을 보며 순간의 감각적 쾌락에 시간을 맡긴다.

당연히 그의 삶은 그 자신은 물론 그에게 애정을 품은 주변 사람들의 기대와 어긋난 방향으로 흘러가게 된다. 그는 이를 신경 쓰지 않는 것처럼 말하지만 사실 마음속으로는 하루하루 패배감이 쌓여간다.

윤지 씨와 소민 씨, 그리고 현서 씨의 행동은 우리의 자존감에 부정적인 영향을 미치는 자기 파괴적 행동과 습관을 보여준다.

누구나 마음속으로는 '이러면 안 되는데', '이대로는 안 되는데', '뭔가 바뀌어야 하는데'라고 생각하면서도 어찌하지 못하는 자기 파괴적인 행동과 습관이 있다.

'이것만 빼면' 일상을 충분히 잘 지낼 것 같고, 그런 일상의 축적으로 바라고 목표하던 바를 이루어내고, 또 그런 일상을 펼쳐가는 자신이 대견하고 뿌듯하게 느껴질 테지만 이를 실행하는 일은 언제나 어렵게만 느껴진다. 그리고 이를 실행하지 못하는 자신에 대한 자괴감과 절망감이 커진다.

스스로를 미워하게 되는 이유는 통제감 부족 때문

이런 자신에 대한 부정적인 생각과 감정은 자기 파괴적 행동을 불러온다. 또 그 행동은 자신에 대한 부정적인 생각과 감정을 불러오고, 그러면 악순환이 계속되는 것이다. 그러다 보면 스스로에 대한 자신감은 물론 자존감도 낮아지게 된다. '내가 이것밖에 안 된다'는 생각에 스스로를 소중히 여기고 사랑하는 일에 더욱 요원해지는 것이다.

그렇다면 우리가 자기 파괴적 행동을 반복하며 스스로를 미워하게 되는 이유는 무엇일까? 이들이 취약한 이유는 통제감이 부족하기 때문이다.

통제감이란 내가 나와 나를 둘러싼 환경을 조절할 수 있다는 느낌을 말한다. 통제감에 주목한 학자들은 우리가 스스로에 대해 통제감을 느끼고 있는지, 그리고 그 통제감이 어디에서 오는지, 우리가 언제 통제감을 잃어버리는지에 주목한다. 통제감과 관련된 다양한 연구들이 있지만 그 가운데 갓난아이와 노인을 대상으로 한 연구를 살펴보면 통제감이 우리에게 얼마나 중요한가를 알 수 있다.

일단 학자들은 이 세상에 태어난 지 얼마 되지 않아 몸도 잘 가누지 못하는 갓난아이들이 머리를 한쪽으로 움직이면 모빌이 돌아가도록 설정하고 아이들의 모습을 살펴보았다. 머리 위에 있는 모빌의 작동을 통해 갓난아이들의 통제감을 알아본 것이다.

그러자 아이들은 자신의 움직임에 따라 모빌이 움직인다는 사실을 알아내고 즐거워하며 머리를 움직였다. 통제감을 획득한 아이들이 더 활발하고 경쾌하게 움직인다. 이로써 학자들은 통제감이 전혀 없을 것 같고 통제감이 무엇인지도 모를 것 같은 갓난아이들조차 통제감을 원하고 즐긴다는 사실을 알게 되었다.

다른 학자들은 은퇴한 뒤 요양원에 있는 노인들을 대상으로 한 연구에서 통제감과 행복에 관련된 연구를 했다. 그 결과 그들은 자신이 일상에서 선택하고 통제할 수 있을 때 더 건강하고 활력이 넘친다는 사실을 발견하기도 했다. 결국 아이든 노인이든, 누구나 통제감을 원한다는 것이다.

스스로에 대한 통제감을 잃게 되는 이유

이처럼 통제감에 대한 연구를 살펴보면 스스로에 대한 통제감을 크게 느낄수록 삶에 대해 긍정적인 태도를 가지고 건강하고 행복하게 살게 된다는 점을 알 수 있다. 그런데 우리는 자주 이런 통제감을 잃고 내가 나를 어찌할 수 없는 상황에 처하기도 한다. 또한 앞서 나온 윤지 씨와 소민 씨, 그리고 현서 씨처럼 자신이 처한 환경에 대해서는 고사하고 자기 스스로에 대한 통제감을 잃게 되는 경우도 많다. 왜 이런 일이 나타날까?

1. 통제감을 연습할 기회가 부족했다

보통 우리가 어렸을 때 통제는 외면에서 올 때가 많다. 부모님의 말씀, 선생님의 규칙, 사회의 규범 등 우리가 정한 것이 아니라 우리 밖에 있는 사람들이 정해준 것이 대부분이었다. 그러나 우리가 점점 커져가면서 우리의 일상에서 우리가 통제할 수 있는 부분이 점점 늘어났다. 이런저런 시행착오를 통해서 우리는 스스로의 일상을 통제할 수 있는 방법을 터득해왔다.

그런데 이런 통제감을 연습하고 획득하지 못한 사람들은 스스로에 대해 무력감을 크게 느끼고 쉽게 좌절한다. 자연히 성취를 하는 것도 힘들고, 사람들과의 관계 속에서도 좋은 모습을 보이기가 쉽지 않다.

대부분의 사람들에게 자신의 일상 속에서 통제감을 잃고 자기 파괴적 행동이 본격적으로 나타나게 된 계기를 되짚어보라고 하면, 어떤 이유에서든 사람들과 떨어져 혼자 시간을 보낸 시기에 이런 모습이 나타나기 시작했다고 말한다. 대학에 입학한 시점, 자취하며 혼자 살기 시작한 시점, 사람들과의 관계가 소원해져 혼자 시간을 보내기 시작한 시점, 시험 준비를 위해 많은 시간을 혼자 떨어져 보내야 했던 시점 등에 시작된 불규칙적이고 자기 파괴적인 생활 습관이 어느 순간 걷잡을 수 없이 악화되어 자신을 괴롭히기 시작했다는 것이다.

　스스로 연습해보고 준비해보지 못한 채 갑자기 주어진 시간을 어떻게 사용해야 할지 몰라 허둥대는 것이다. 또 그러면서 자신이 왜 그러는지에 대한 이해가 부족하기에 이들은 어디서부터 다시 시작해야 할지 모른다. 이때 이들은 내면적인 통제감이 부족하다. 당연히 생활은 점점 더 엉망이 된다.

　이들은 늦잠을 자고, 지각하고, 해야 할 일을 못 해내는 경험들을 반복적으로 하며 스스로를 의지가 부족하고 게으른 인물로 낙인찍는다. 다른 사람들 역시 이들의 겉모습만 보고 이들에 대한 신뢰와 기대감을 버린다. 더 많은 자유가 주어진 때에 그 자유에 대한 책임도 커진다는 사실을 다른 사람들보다 더욱 아프게 깨닫게 되는 것이다.

　이전까지 다른 사람들이 짜준 시간표와 원칙에 맞춰 생활해오

164

고, 한 번도 자신의 시간을 스스로 통제해본 경험이 없는 사람들일수록 혼자서 뭔가를 해야 하는 이 시기에 더욱 취약하다. 그런데도 이럴 때에 대부분의 사람들은 스스로 잘 해내지 못하고 있는 자신을 보며 습관 하나도 바꾸지 못하는 무능한 사람이라는 생각과 감정에 엄청난 에너지를 쏟는다. 바로 이 점 때문에 악순환은 이제 '반복'이 아닌 '고착'이 된다.

2. 스트레스에 취약하다

자기 파괴적인 행동은 스트레스가 계기가 되어 나타나기도 한다. 이 스트레스에도 통제감이 중요한데 어려운 상황에 부딪혔을 때 자신이 통제할 수 있는 부분이 전혀 없다고 느끼면 우리는 잘못된 방식으로 스트레스를 푼다. 윤지 씨처럼 너무 많이 먹다가 또 전혀 먹지 않기를 반복하고, 현서 씨처럼 술을 너무 많이 마시거나 게임 중독에 빠진다. 스트레스에 있어서도 통제감이 중요한 것이다.

이와 관련해서 어떤 학자들은 전기충격을 받는 쥐를 대상으로 통제감에 관련된 실험을 했다. 그들은 쥐를 두 집단으로 나누고, 두 집단 모두에게 전기충격을 주었다. 그러나 두 집단의 쥐에게는 차이가 있었다.

한 집단의 쥐에게는 전기충격을 멈추거나 감소하게 하는 수단이 전혀 없었지만 다른 집단의 쥐들은 그들 앞에 있는 버튼을 누르면 전기충격을 멈추거나 감소시킬 수 있었다. 어떻게든 고통스런 전기충격을 받지 않기 위해 발버둥치던 쥐들은 자기 나름대로 스트레스에 대처하는 방식을 고안하려고 애썼다.

물론 버튼을 눌러 전기충격을 멈출 수 있었던 쥐들이 전기충격에 보다 적극적이고도 합리적인 방식으로 대처했다. 그들은 전기충격이 나타나면 버튼을 눌러야 고통을 사라지게 할 수 있다는 사실을 깨닫고 그대로 했다. 반면에 버튼이 없었던 쥐들은 발버둥치다가 자포자기한 모습을 보일 뿐이었다.

이런 쥐들의 모습은 자존감이 낮은 사람들의 모습과 닮아 있다. 무기력해진 쥐들처럼 자존감이 낮은 사람들은 스트레스 앞에서 무력해져 통제감을 완전히 잃어버린다. 마치 전기충격이라는 스트레스 상황 속에서 해볼 만한 것이 별로 없는 버튼이 없는 집단의 쥐처럼 행동하는 것이다. 하지만 이 둘 간에 차이가 없는 것은 아니다. 다양한 변수들이 존재하는 현실을 살고 있는 우리는 노력 여하에 따라 스트레스를 조절할 수 있는 여지가 있다.

통제감을 되찾으려면

어떤 사람은 스트레스가 전혀 없는 완벽한 상황을 기다린다. 그러나 우리는 다양한 변수들이 존재하는 현실에 살고 있기에 스트레스를 완전히 없애주는 버튼도 없다. 그러니 스트레스에 대한 통제감을 제대로 바라볼 필요가 있다.

그렇다면 자신에게 해로운 행동을 반복하면서 그 안에서 자존감이 상할 때 우리는 어떤 마음가짐을 가져야 통제감을 되찾을 수 있을까?

1. 스스로를 격려하자

자신에게 해로운 행동을 반복하면서 바뀌어야 하는데 바뀌지 않는 자신을 바라볼 때 우리는 마음이 힘들어진다. 그리고 힘들고 부정적인 면에 에너지를 쏟으며 왜 이것밖에 안 되는지 스스로를 한심하게 생각할 가능성도 크다.

그러나 생각해보자. 우리 안의 에너지는 눈에 보이지 않지만 무한하지 않기에 어느 한쪽에 에너지를 쓰다 보면 다른 쪽에 쓸 수 있는 에너지는 자연히 줄어들기 마련이다. 게다가 습관의 관성을 거스르고 더 나은 습관을 형성하는 데는 평소보다 더 많은 에너지를 필요로 하기도 한다.

이런 통제감은 오랜 일상의 경험이 축적된 끝에 획득하게 되는 것이다. 쉽게 빨리 나아질 것이 아니다. 그러니 섣불리 좌절하지 말자.

대신 어렵지만 통제감을 찾기 위해 시도하고 있는 자신을 스스로 격려하자. 그리고 혼자 시간을 보내다 보면 불규칙적이고 해로운 습관을 들이게 되기도 쉬우니 사람들과 함께 하는 일을 기획하고, 규칙적인 모임이나 활동을 하는 것도 스스로에게 도움이 된다. 이 모든 것이 시행착오의 과정이라는 점을 기억하고, 자동차의 핸들을 스스로 쥐고 앞으로 나가듯 내 삶의 통제권을 쥐고 꾸준히 해나가자.

통제감을 잃어버린 채 보낸 시간이 많은 만큼 습관의 변화는 더디게 이루어질 것이다. 그럼에도 한번 좋은 습관을 형성하고 나면 삶에 대한 통제감은 커지고, 스스로에 대해서도 좋게 느끼게 되는 것이다.

2. 스트레스를 원동력으로 삼자

우리는 모두 스트레스가 없는 상황을 꿈꾼다. 그러나 스트레스가 전혀 없는 상황이란 어떤 시도도 하지 않는 진공의 상황이라는 것을 의미한다.

어렵다고 생각하는 과제에 도전해보고 관성에 젖어 있는 자신을 흔들어 깨우는 것은 힘들고, 시도하지 않을 때보다 에너지가 많이 들기도 한다. 그러나 이런 시도와 자극이 계속될 때 우리는 점점 더 나은 사람으로 변화하고 발전해나갈 수 있다. 그러니 처음에는 고되고 힘들더라도 시도를 멈추지 말자.

학자들은 우리가 스트레스에 대처하는 방식을 크게 두 가지, 즉 문제 중심적 대처와 정서 중심적 대처로 나눈다. 그리고 그 상황에 맞게 대처하고 있는지 스스로에게 끊임없이 질문할 것을 요구한다.

더불어 스트레스의 내용은 우리 꿈의 크기에 비례하기도 한다. 어떤 사람은 자신의 욕심이 채워지지 않음에 스트레스를 받지만 어떤 사람은 인류의 가치를 위해 스트레스를 받는다. 자기만을 위한 좁은 욕망 실현을 위해 스트레스를 받는 사람보다는 더 많은 사람을 위한 더 큰 가치 실현을 위해 스트레스를 받는 사람일수록 도리어 스트레스에 보다 건강한 대처를 하고 자존감이 높지 않을까 생각해본다.

그러니 스트레스를 받는 순간마다 나란 사람의 통제 범위를 더 크게 잡아보자. 그럴수록 스트레스는 더 건강하고 힘 있는 원동력으로 나라는 사람을 움직이게 해줄 것이다.

아직 늦지 않았다

불안해하고 흔들리는 청춘들은 물론 자신의 삶을 잘 살고 싶어 하는 수많은 사람들의 필독서가 된 책 『아프니까 청춘이다』의 저자 김난도 교수는 그의 책에서 우리 삶을 인생시계에 비유한다.

그대, 인생을 얼마나 산 것 같은가? 이 질문이 너무 막연하게 느껴진다면, 이렇게 물어보겠다. 사람이 태어나서 죽을 때까지를 24시간에 비유한다면, 그대는 지금 몇 시쯤을 살고 있는 것 같은가? (중략) 인생시계의 계산법은 쉽다. 24시간은 1,440분에 해당하는데, 이것을 80년으로 나누면 18분이다. 1년에 18분씩, 10년에 3시간씩 가는 것으로 계산하면 금방 자기 나이가 몇 시인지 나온다. 20세는 오전 6시, 29세는 오전 8시 42분이다. 이 시계는 현재 한국인의 평균수명인 80세를 기준으로 했으니, 앞으로 평균수명이 늘어나는 만큼 그대의 인생시각은 더 여유로워질 확률이 높다.[9]

자신에게 해로운 습관에 젖어 이미 너무 많은 삶의 시간을 허비했다며 힘들어하는 사람들이 특히 이 이야기에 큰 감동을 받는 것 같았다. '너무 늦었어. 다 틀렸어'라고 생각했는데 지금까지 지나온 삶을 하루로 치면 '이제 겨우 아침 여덟 시네'라는 생각에 기운을 얻는 것이다. 그 점을 돌아보면 아마도 삶에 대한 통제력을 잃고 자신을 원망하는 사람들은 이미 흘러간 과거의 시간에 연연하며 '지금 뭘 한다고 달라지겠어'라는 생각을 많이 해온 것 같다.

이 계산법에 따르면 아직 우리에게 시간은 많다. 인생의 아침이든 점심이든 저녁이든 행동하기에 늦은 시간이란 없다. 흘려보낸 시간을 아까워하기보다는 이제부터 차근차근 움직임으로써 남은 시간들을 더 잘 활용해보자. 아직은 모든 것이 이르다.

관계 중독,
인정에 집착하는 나

우리는 타인이라는 거울을 통해 우리 모습을 확인하기도 하지만,
우리의 가치는 타인의 사랑과 인정 여부에 달린 것이 아니다.

자존감이 높기보다는 자존심만 내세우는 나

"관계 속에서 저자세를 취하게 되요. 다른 사람 마음에 들고
싶어서 계속 노력하게 됩니다. 겉으로는 당당한 척하고 있지만
저에게는 자기애와 자존감이 부족한 것 같습니다. 어떻게 하면
다른 사람 신경 안 쓰고 편해질 수 있을까요?"

독자들에게 가장 많이 듣는 상담 메일의 내용 가운데 하나다.
이들은 이미 자존감과 관계 속 자신의 모습 간에 연결성이 있다

는 것을 알고 있다. 문제는 앞으로 어떻게 해나가야 하는 가인데, 자신의 모습을 인식하고 그 모습 밑에 깔린 자신의 마음을 이해해가기 시작했다는 것만으로 나는 이미 많은 것이 시작되었음을 알리고 자기 탐색과 그와 관련된 새로운 시도를 계속할 것을 격려하는 편이다.

그러면서 생각보다 많은 사람들이 자존감의 문제에 시달리고 있다는 것을 알게 되었다. 그리고 그들 중 많은 사람들이 자신의 자존감이 낮다는 것조차 인식하지 못하고 산다는 점도 알게 되었다.

이들은 도리어 자신의 자존감이 높다고 생각하며 산다. 그러나 관계 속에서 타인의 평가와 반응에 민감하며 쉽게 일희일비하게 된다면 정말 나의 자존감이 높은 것인지 돌아볼 필요가 있다. 많은 경우 자존감이 높기보다는 자존심만 내세우며 취약하고 흔들리는 자존감에 힘들어하는 모습을 보이기 때문이다.

자존감을 갉아먹는 긍정적 요소들

우리의 자존감을 다치게 하는 요소 중 자신의 자존감이 높다고 착각하며 나타나는 관계 속 모습들이 있다. 특히 우리가 관계 속에서 보통 긍정적으로 다루는 요소들 가운데 우리의 자존감을 갉아먹는 요소들이 있다는 점을 중점적으로 살펴보고자 한다. 그런 요소들 가운데 대표적인 것으로 인정과 사랑, 환영이 있다.

1. 인정

재민 씨는 언제 어디서나 열심히 한다. 수능을 잘 치르지 못해서 지방대에 들어갈 수밖에 없었지만 그녀는 열심히 노력한 끝에 과 1등을 놓치지 않았고, 그 자부심으로 대학 생활을 즐겁게 할 수 있었다. 또한 친구들보다 일찍 좋은 직장에 들어갈 수도 있었다.

그러나 대학을 졸업하고 첫 직장에 들어간 이후 그녀는 하루하루가 고역이다. 예전처럼 그녀의 능력과 노력을 인정받기 어려울 뿐만 아니라 수도권의 좋은 대학을 나온 동료들 앞에서 자꾸만 위축되기 때문이다.

그녀는 매일같이 열심히 하다가도 한 번에 모든 의지가 꺾이는 것 같은 삶의 패턴을 반복하고 있다. 그녀가 이렇게 힘들어하는 이유는 무엇일까?

그녀의 마음을 자세히 들여다보면 우리는 그녀가 다른 사람들과의 관계 속에서 얻고자 하는 것이 노력과 능력에 대한 인정이라는 것을 알 수 있다. 그녀는 다른 사람의 인정을 받아야 잘 해내고 있다는 확신을 받게 되고, 반대로 다른 사람의 인정을 받지 못하면 자신의 가치를 의심하며 힘들어한다. 자존감이 조건적

기준에 따라 널뛰기를 하듯 달라지는 것이다. 인정받지 못할수록 그녀는 인정받기 위해 더욱 노력하지만 바라던 인정을 얻을 수 없을 때마다 마음이 무너지는 일도 반복된다.

2. 사랑

채연 씨는 요즘 남자친구와의 관계에서 불만이 많다. 처음에는 전적으로 자신을 위해주던 남자친구가 1년 남짓 사귀고 나자 문득 변한 것만 같다.

그녀는 남자 친구가 연락을 소홀하게 하는 것을 들어 집요하게 추궁하며 화를 낸다. 그 밖에도 남자친구의 일거수일투족을 알고 싶어하고 불안해하기 때문에 남자친구는 그녀에게 거리를 두려고 했다. 그럴수록 그녀는 더 화를 냈고, 그들의 관계는 더욱 소원해졌다.

사실 그녀는 과거 남자친구들과의 관계 속에서도 같은 패턴을 반복했다. 관계 초기에는 별 탈이 없다가도 관계가 깊어질수록 남자친구의 모든 관심과 사랑을 독차지하고 싶어하고, 이 사랑이 옅어질까봐 전전긍긍하는 그녀의 태도 때문에 관계는 언제나 삐걱거렸고 오래가지 못했다. 그녀는 자신이 사랑받아 마땅한 사람이라는 확신이 별로 없고, 혼자서 자신의 가치를 잘 인식하지 못했기에 그녀는 언제나 타인의 사랑을 필요로 하는 것 같았다.

낮은 자존감을 가진 사람들은 사랑을 하는 것도 이렇게 힘겨워한다. 어떤 사람은 연인관계에서 뿐만 아니라 모든 사람들에게 사랑을 받으려고 애쓰기 때문에 자주 좌절감에 젖기도 한다. 사랑은 우리가 관계 속에서 나눌 수 있는 최상의 선물이고 낮은 자존감을 해결해주는 최고의 해결책이다. 하지만 이 선물을 기쁘게 받고 해결책의 효력을 누리려면 일단 타인으로부터 사랑을 받아야 내가 가치가 있다는 느낌부터 버려야 한다.

3. 환영

자존감이 낮은 사람들의 민감한 면 중 하나가 '집단에 수용받고 소속되는가, 그렇지 않은가' 다. 이들은 타인이 자신을 환대해주지 않고 거절할 때 더 민감하게 받아들인다.

건강한 사람은 타인이 자신을 환영해주지 않으면 잠시 기분이 상할지는 몰라도 그 반응에 크게 연연하지는 않는다. 대신 자신이 소속감을 느낄 수 있는 다른 공간을 찾는다. 그러면서 이전의 상황이 자신에게 유리하지 않았음을 이해한다. 그러나 자존감이 낮은 사람들은 거절하는 타인의 제스처에 큰 의미를 두고, 자신이 초라하거나 부족해서 거절당했다고 생각하며 쉽게 위축된다.

어떤 사람은 어디서든 수용되고 적어도 거절당하는 사람이 되지 않기 위해 자신의 겉모습을 화려하게 치장하고, 명품 가방으로 자신의 불안한 속내를 감추려 한다. 자신이 거절당하기 전에 먼저 상대를 내치기도 한다. 타인의 눈치를 보며 자존심을 세울 수 있을지는 몰라도 자존감에는 결코 도움이 되지 않는 행위를 반복하는 것이다. 그러다 보면 타인의 사소한 행위에도 큰 의미를 부여하기 때문에 관계 속에서 불편해질 수밖에 없다.

과잉충족 혹은 과잉결핍이 문제

지금까지 말한 인정·사랑·환영 이외에도 우리가 관계 속에서 받기 원하는 다양한 요소들을 얻는 방식에서 우리의 자존감은 큰 역할을 한다. 이런 요소들을 원하는 것을 자연스런 욕구라 할 수 있지만, 이 욕구의 충족 여부에 따라 자신의 가치를 다르게 판별하려 한다면 우리의 자존감은 위태로워진다.

그러나 많은 사람들이 의식하든 의식하지 못하든 이런 타인의 인정과 사랑, 그리고 환영에 따라 자신의 가치를 완전히 다르게 상정한다. 그런데 정말 타인의 인정과 사랑, 소속감이 있어야 스스로를 가치 있고 존중 받을 만한 사람이라 할 수 있을까?

답은 '아니오'다. 그리고 이 질문에 대부분의 사람들은 아니라고 대답한다. 그렇지만 자존감이 낮은 사람들은 타인의 반응에 따라 흔들린다. 어떤 날에는 작고 사소한 칭찬에 세상을 다 가진 듯한 기분이 들어 우쭐대기도 하고, 또 반대로 작고 사소한 비판에 모든 것이 다 끝나버린 듯 절망하는 것이다. 관계에 의존적이고 타인 지향적인 사람일수록 이런 면은 더욱 두드러지게 나타난다.

우리가 타인의 사랑·인정·환영 여부에 우리의 자존감을 걸며 집착하는 이유는 우리의 과거 경험 속에서 이런 요소들이 과잉 충족되었거나 과잉 결핍되었기 때문이다. 우리는 흔히 듬뿍 사랑받고 언제나 인정받고, 어디서나 환영받는 환경을 긍정적으로 보지만 때로 너무 많은 것은 조금 부족하느니만 못할 때가 많다.

또한 이런 요소를 넘치게 받아왔던 이들은 작은 거절에도 크게 상처받기도 한다. 타인과 함께 나누며 공존하는 것을 훈련받지 못했기 때문이다. 그러나 세상은 다양한 욕구와 결핍을 가진 사람들이 한데 어우러져 공존하는 사회이기 때문에 참고 서로 양보하며 때를 기다리는 미덕이 요구된다. 이런 요소들이 과잉 충족된 사람들은 이런 미덕을 모르기에 자존감이 쉽게 흔들리며 유약하다.

또한 누구에게나 사랑·인정·환영과 같은 요소가 있어서 마음이 성장할 수 있기에 애정 결핍과 인정 부재, 겹겹의 거절 경험은 우리의 마음이 자라고 자존감이 탄탄해지는 것을 방해한다. 우리는 언제나 사랑받고 인정받고 환영받았기에 타인과 함께 이를 나눌 줄 모르고, 중심에 서지 못할까봐 초조해하는 사람들과 그 반대의 이유로 전전긍긍하는 사람들을 동시에 본다. 이유와 모습은 다를 수 있지만 이들은 공통적으로 타인의 반응에 따라 마음이 널뛰기하는 불안정한 자존감의 문제에 시달린다.

타인이라는 거울에 비친 나

사랑과 인정, 소속감은 우리 마음에 기쁨과 희열감을 준다. "사랑스러워", "참 잘했어", "네가 오길 바랐어", "넌 참 대단해", "역시 너야" 등 이런 말을 듣기 위해 우리가 해온 많은 노력과 의지의 시간을 생각해보자. 이런 달콤한 말들의 세례를 받기 위해 우리는 지금 이 순간에도 무언가를 열심히 하고 있는 것이 아닌가?

그런데 이런 칭찬이 자신을 스스로 소중히 여기는 마음 위에 뿌려지는 것이 아니라면 우리는 타인으로부터 이런 말을 듣는 데만 집착하게 된다. 그러다 보면 이는 곧 중독이 된다. 듣는 순간 짜릿한 느낌을 주기에 갈구하게 되지만 이런 말은 자존감이 낮은 사람들에게 감질나는 갈증만 더해줄 뿐 이들의 자존감을 근본적으로 들어 올려주지는 못한다.

타인의 반응에 일희일비하며 힘들다면 타인의 반응에서 나를 떨어뜨려 객관적으로 바라보자. 스스로를 객관화하는 데는 여행을 떠나는 것도 괜찮고 글을 써보는 것도 괜찮다. 나란 사람이 지금까지 살아오면서 추구해온 가치들이 타인 의존적이라면, 그리고 겉으로만 좋아 보이는 타인의 사랑·인정·환영을 얻기 위해 나 자신의 가치를 위태롭게 만들어왔다면 다시 한 번 생각해보자.

우리는 타인이라는 거울을 통해 우리 모습을 확인하기도 하지만 그 거울이 우리 자체인 것은 아니다. 우리의 가치는 다른 누군가의 사랑과 인정, 환영에 달린 것이 아니라 우리가 스스로를 얼마나 사랑하고 인정해주며 환영하고 있는지에 달려 있다. 그리고 그 거울을 선택하는 사람은 우리 자신들이다. 부디 우리의 외면뿐만이 아닌 우리의 내면을 비춰주는 거울을 선택하자.

자기은폐,
숨기고 싶은 나

나만의 껍질을 깨고 주변에 "나는 이렇다"라고 말할 수 있어야
우리의 자존감도 더욱 탄탄해지는 계기를 마련할 수 있다.

자신의 어려움을 잘 이야기하지 않는 나

다섯 남매 중 첫째로 태어난 은혜 씨는 책임감이 강하고 정이
많다. 그녀 주변에는 언제나 그녀의 보살핌을 필요로 하는 사람
들이 많았고, 그녀는 직업도 간호사인 만큼 언제나 누군가를 보
살피고 키우고 치유하고 도와주는 일을 전담하고 있었다.

그런데 언젠가부터 그녀는 마음이 갑갑하고 아플 때가 많았
다. 어디가 딱히 잘못되었거나 치료가 필요한 것은 아니었다. 다

만 아침마다 무거운 몸을 이끌고 침대에서 일어나 가족들의 외출 준비를 돕고 아침을 차리고 직장에 나가는 것이 힘들게 느껴졌다. 순간순간마다 괜스레 억울하고 화가 울컥 치밀었다. 머리가 자주 아파왔고 소화가 잘 되지 않았다.

여러 가지 검사를 해보아도 아무런 이상이 없자 병원에서는 그녀에게 정신과 진료를 받아볼 것을 조심스레 권유했다. 몸이 아닌 마음이 아프면 아픈 데 없이 아픈 증상이 나타날 수 있기 때문이었다.

그녀는 손사래를 치며 권유를 물리치기는 했지만 병원에서 나오는 길에 가슴이 철렁 내려앉았다. 정말 자신의 마음이 아픈 것일지도 모른다는 생각이 들었기 때문이다. 언제나 아픈 누군가를 돌봐주고 퍼주는 역할만 해온 그녀는 자신에게 그런 도움이 필요할지도 모른다는 생각에 마음이 더 불편해졌다.

은혜 씨는 타인을 돌보는 데는 천부적인 재능을 가지고 있고 지나칠 정도로 많은 에너지를 쏟는다. 그런데 그러면서도 정작 자신을 돌보는 데는 소홀하다. 그녀는 삶 속에서 타인의 욕구와 결핍을 잘 보며 이를 해소시키고 채우려 노력한다. 주변 사람들은 은혜 씨의 돌봄과 위로를 통해 일어서고, 은혜 씨에게 고마움을 느끼기도 하지만, 때로는 은혜 씨의 모습을 당연시하기도 한다. 그녀만큼 타인의 욕구와 결핍에 예민하지 않기 때문이기도 하고, 은혜 씨의 돌봄에 익숙해져 있기 때문이기도 하다. 그런데 무엇보다 가장 큰 이유는 그녀가 자신의 어려움을 잘 이야기하지 않는다는 데 있다.

자기 개방과 자존감

우리가 누군가에게 도움을 받거나 돌봄을 받기 위해서는 타인에게 어려움을 이야기하는 것이 필요하다. 어떤 어려움을 겪고 있는지 알아야 필요한 도움을 줄 수 있기 때문이다. 그러나 은혜 씨처럼 타인을 돌보기 위해 자신을 희생하는 데 익숙한 사람들은 자신에게 어려움이 생겨도 잘 인식하지 못하고, 또 이를 잘 이야기하지 못한다.

주변을 돌아보면 은혜 씨처럼 타인을 돌보는 데만 익숙한 사람들이 있다. 한편 이들과는 아무리 오랜 시간 알아왔어도 이들을 잘 모르겠다는 생각이 든다. 이들은 자신의 어려움과 불편을 이야기하지 않기 때문이다. 누구나 살면서 힘들어질 때도 있고, 마음이 갑갑해질 때가 있는 데도 이들은 그저 혼자서, 알아서 모든 일을 처리한다.

그러니 주변 사람들은 이들이 척척 잘 해나가는 줄로 알고 큰 관심을 두지 않는다. 부모님도 "애는 별로 손이 안갔다"고 자랑스럽게 말하시곤 한다.

다른 사람들에게 자신의 속 이야기를 하는 것은 심리학에서 이야기하는 '자기 개방(self-exposure)' 과 관련이 있다. 힘들 때 도움을 요청하고 돌봄을 받는 것이 우리의 자존감을 드러내기도 하고, 우리의 자존감을 들어 올리는 데 중요한 역할을 한다. 은혜 씨와 같은 사람들의 특징을 '자기 개방' 의 측면에서 살펴보자.

힘들어도 자기 개방을 하기 어려운 이유

그녀가 아무리 힘들어져도 자신의 이야기를 잘 하지 않는 가장 큰 요인은 자신의 이야기를 할수록 자신의 부정적인 면이 부각되고 알려질 것이라고 생각하기 때문이다. 그녀의 어머니는 다른 사람 앞에서 자기 이야기를 하면 약점 잡힐 가능성이 크다는 점을 강조했고, 힘들어도 절대로 표현하지 말라고 이야기 했다.

부모님과의 관계 속에서 배운 관계의 패턴은 또래 친구들과의 관계 속에서도 그대로 드러났다. 그녀는 친구들에게 자신에 대한 이야기를 잘 하지 않았다. 또한 이런 그녀의 모습은 그 이후 데이트를 하고 친밀감을 나누는 이성친구와의 관계 속에서도 그대로 드러났다.

그녀는 다른 사람이 하는 이야기는 잘 들어주는 편이었지만 자신에 대해서는 속 이야기를 결코 하지 않으려 했다. 그러다 보니 그녀의 주변 사람들도 그녀의 마음을 이해하지 못했고 답답함은 계속 이어졌다. 한 번도 터놓고 "나 이게 힘들어"라고 말해 본 적이 없으니 본인조차 자신이 얼마나 힘든 상태인지 잘 모르는 것이다. 이렇게 표현하지 않고, 그러기에 표현을 못하는 답답한 마음은 언제고 분출구를 찾을 수밖에 없었다.

그녀가 혼자서 품고 있던 마음의 어려움과 답답함이 결국 몸으로 나타난 '신체화(somatization)' 반응을 경험하게 되는 것은 바로 이런 이유 때문이다. 특히 자존감이 낮고 자기 표현을 못하는 사람들은 마음이 불편할 때 몸이 함께 아파오는 경우가 많다. 이들은 몸이 불편하다고 이야기하지만 사실 근본적인 원인은 마음이 아프고 불편한 것이다.

관계 속에서 나를 드러내는 용기

일군의 학자들은 자기 이야기를 편하게 할 수 있는 안정적인 관계 경험이 개인의 행복과 건강을 상징하는 지표가 된다고 말한다. 그러면서 강조하는 것이 관계 속 애착 경험이다. 애착에 대해 처음 제안한 학자 볼비(John Bowlby)는 애착을 '인간이 다른 사람과 지속적이며 강한 정서적 유대감을 갖는 경향'이라 정의한다.

그런데 이런 애착을 드러내고 촉진시켜주는 것이 속 깊은 대화라고 할 수 있다. 볼비와 같은 애착 이론가들은 어린 시절 우리가 부모님과의 관계 속에서 처음 배운 관계의 패턴과 질을 강조했다. 애착하는 대상과의 관계 속에서 우리는 우리 마음을 표현하는 방식을 배워나가는 것이다.

은혜 씨는 처음 이 세상에 태어나 관계 맺는 방식을 배워나간 가정 속에서 자기 표현을 하지 않았고, 특히 자신이 경험하는 부정적인 일에 대해서는 함구하는 것이 중요하다고 배웠다. 그러다 보니 그녀는 자기 이야기를 하는 것을 수치스럽다고 여겼고, 그 후 다른 모든 관계 속에서도 그런 마음의 법칙에 따라 행동해 왔다. 그러다 보니 자신의 마음을 타인에게 공감받는 것도 어려웠고 스스로에 대한 확신을 가지기도 어려워졌다.

그러나 그녀가 따르고 있는 관계와 마음의 법칙은 현실적 필요와 상황적 변화에 따라 얼마든지 수정될 수 있고, 또 수정되어야만 하는 것이라고 할 수 있다. 내 이야기를 하는 것이 꼭 나의 약점을 드러내는 수치스러운 일은 아니기 때문이다.

특히 자존감이 낮은 사람일수록 이런 관계 패턴에 얽매여 자신의 괜찮은 모습만 내비치려 하고 힘들거나 부정적인 이야기는 하지 않아야 한다는 마음의 법칙을 안고 있는 경우가 많다. 그러나 그런 마음의 법칙을 수정하고 나만의 껍질을 깨고 나와 다른 사람에게 "나는 이렇다"라고 말할 수 있어야 스스로에 대한 자신도 생기고, 타인의 지지와 도움을 받을 수 있는 가능성도 커진다. 또한 이를 통해 우리의 자존감도 더욱 탄탄해질 계기를 마련할 수도 있게 된다.

힘들 땐 도움을 구하는 것도 능력

예전에 가정 폭력 피해 여성들을 대상으로 그들이 폭력 피해 경험을 극복하도록 도와주는 내면의 힘에 대한 연구를 한 적이 있었다. 그들과 함께한 심층 인터뷰 내용을 살피던 중, 다음 말이 특히 가슴에 남았다.

"도움을 구하는 것도 힘이고 능력이라는 생각을 해요. 제가 너무 약했을 때에는 도움이 필요하다는 것조차 몰랐고, 도움받을 수 있다는 것은 더더욱 몰랐어요. 처음에는 말을 꺼내는 것조차 어려웠는데 일단 용기 내어 "제가 이렇게 힘들었어요"라고 말하고 나니 마음도 후련해지고 필요한 도움도 받게 되었지요. 그리고 내 말에 고개를 끄덕이는 사람을 보니 '아 내가 이랬구나!' 라는 걸 더 제대로 알게 된 것 같아요."

우리는 흔히 힘이 없고 무기력하기에 타인에게 도움을 구한다고 생각해 도움받기를 꺼려한다. 또 섣불리 말했다가 거절을 당하거나 더 큰 상처를 입게 될까봐 두려워하기도 한다. 하지만 그녀의 말을 곰곰이 생각해보면 어려울 때 도움을 구할 줄 아는 사람이야말로 진정 용기 있고 힘이 있는 사람이라는 사실을 알게 된다.

물론 자신의 마음을 이야기한다고 해서 항상 이해받고 공감 받는 것은 아닐 것이다. 도움을 구한다고 해서 항상 필요한 도움을 받게 되는 것도 아닐 것이다. 그러나 그러한 시도 속에는 우리 내면의 힘과 의지를 보여준다는 충분한 의미가 담겨 있다. 반복된 시도가 계속될 때 결국 우리는 필요한 도움을 얻게 될 것이다.

나를 숨기려 하지 말고 다른 사람에게 펼쳐 보이자. 우리는 모두 따뜻하고 깊은 애착관계가 필요하며, 그 관계 속에서 찬찬히 내 마음을 펼쳐 보이는 용기를 가져야 한다. 특히 혼자서 마음의 짐을 끌어안고 끙끙대는 그 순간일수록 어떻게든 이 짐을 풀어놓고 함께 정리할 사람을 찾자.

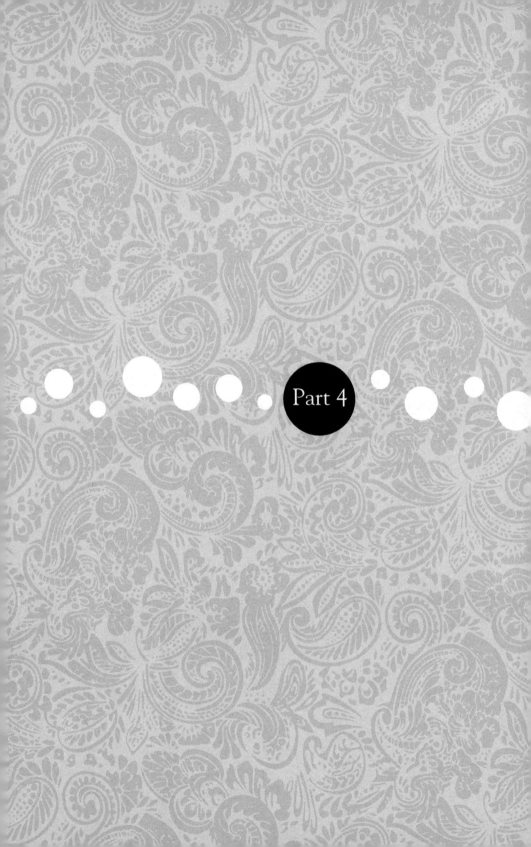

Part 4

낮은 자존감은
어떻게 붙잡을까?

자존감을 위해 꼭 살펴볼 7가지

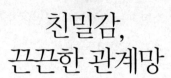

친밀감,
끈끈한 관계망

관계는 자신을 드러내고 서로를 아는 데서부터 시작하는데
자신을 드러내지 않으니 시작 전부터 한계가 있는 것이다.

관계는 조금씩 서로를 알아가며 맺어가는 것

생텍쥐페리의 『어린왕자』는 많은 사람들이 어린 시절 통과의
례처럼 읽는 책이지만, 그 의미는 어른이 되어 다양한 사람들을
만나고 깊이 있는 관계를 맺어본 후에야 더 진하게 다가온다. 특
히 '누군가에게 길들여진다는 것', 그리고 '조금씩 서로를 알아
가며 관계를 맺어가는 것' 이 어린 왕자와 여우의 대화를 통해 잘
전해진다.

특히 다음의 대화에 잠시 머물러 생각해보면 세상 모든 것이 태어난 순간부터 소멸하는 순간까지 끊임없이 관계맺음을 하고 있는 것이 아닌가 하는 생각이 든다.

"아니야. 나는 친구들을 찾고 있어. '길들인다' 는 게 무슨 뜻이야?" 어린 왕자가 물었어요. "그건 너무나 잊혀져 있는 거지. 그건 '관계를 맺는다…' 는 의미야." 여우가 말했어요. "관계를 맺는다고?" "물론이지. 내게 넌 아직 수십만의 아이들과 같은 어린아이일 뿐이야. 난 네가 필요하지 않고, 너 역시 내가 필요하지 않아. 너에게는 내가 수십만의 여우들과 같은 여우에 불과하니까. 하지만 네가 나를 길들인다면 우리는 서로를 필요로 하게 될 거야. 너는 나에게 이 세상에 유일한 존재가 될 거야. 나는 너에게 세상에 단 하나밖에 없는 존재가 될 거고…" (중략) "널 길들이려면 어떻게 해야 하니?" 어린 왕자가 말했어요. "아주 참을성이 많아야 돼. 우선 넌 나와 좀 떨어져서 그렇게 풀밭에 앉아 있는 거야. 난 곁눈질로 널 볼 거야. 넌 아무 말도 하지 마. 말은 오해의 씨앗이거든. 그러면서 날마다 너는 조금씩 더 가까이 앉으면 돼."[10]

우리는 태어난 순간부터 타인과 관계를 맺고 관계 때문에 웃고 관계 때문에 운다. 일하며 부딪치는 많은 문제들도 대개 일이 아닌 관계의 문제라고 한다. 또 어떤 사람들은 일은 고되고 맞지 않지만 함께하는 사람이 좋아 계속하게 된다고 하기도 한다. 우리의 모든 순간은 관계를 중심으로 도는 것이다.

그러니 다른 사람들과 관계를 잘 맺어야 삶은 풍요와 행복으로 가득차고 우리는 스스로를 존중하고 사랑하게 된다. 우리의 탄탄한 자존감을 위해 '친밀감(intimacy)'은 반드시 필요한 조건인 것이다.

친밀감이란 무엇인가?

지금 누군가가 여러분에게 다가와 친밀하다고 생각되는 사람의 이름을 적어내라며 빈 종이를 내민다고 하자. 그러면 그 종이에 어떤 이름을 적어낼 것인가?

이는 단순히 나와 관계를 맺고 있는 사람들을 적어보는 것과는 다른 질문일 것이다. 가족을 적고, 친한 친구들을 적고, 머릿속에 떠오르는 사람들을 이런저런 이유로 차례대로 쓰거나 지우다 보면 '친밀감'이라는 단어 아래 묶을 수 있는 사람들은 그리 많지 않을지도 모르겠다.

그런 과정을 통해 남은 사람들이 바로 여러분에게 중요하고, 여러분의 자존감을 비춰주고 떠받들어주는 사람들이다. 그들에 대해 어떤 감정이나 생각이 떠오르는가? 그들을 보며 느끼는 감정이나 생각은 아마도 대부분의 사람들이 친밀감을 정의하는 것에서 크게 차이를 나타내지 않을 것이다.

해리 레이즈(Harry Reis)라는 심리학자는 친밀감에 대한 다양한 연구를 통해 대부분의 사람들이 "친밀감이란 무엇인가?"라는 질문에 누군가에 대해 자신이 느끼는 수용·따뜻함과 같은 인간적인 감정과 정서를 중심으로 대답한다고 한다. 그리고 이는 남성과 여성 간에도 별다른 차이가 없었다.

레이즈는 친밀감에 대한 연구를 정리하며 친밀감을 '우리가 관계 속에서 이해받고, 인정받고, 배려받을 때 경험하는 것'이라 정의했다. 그런 친밀감을 주는 누군가와 함께할수록 우리는 스스로를 더 이해하고 인정하고 배려하게 된다. 친밀감을 주는 관계가 있어야 우리는 자신을 있는 그대로 받아들이고 존중하게 된다는 것이다.

다음은 레이즈의 연구에 참여했던 한 남성이 친밀감을 나누는 누군가에 대해 묘사한 말이다.

"함께 있으면 아닌 척, 그런 척할 필요 없어요. 그냥 있는 그대로의 나로 있어도 되지요. 내가 싫어하는 내 모습도 함께 나눌 수 있어요. 내가 왜 그러는지 잘 알아주거든요."

그의 말에는 나를 나답게 받아들이고, 못난 내 모습까지 그대로 수용하게 해줄 수 있는 힘이 친밀감 속에 담겨 있다는 것을 잘 보여준다.

레이즈뿐만 아니라 다른 학자들도 우리의 성장과 행복을 위해 친밀감이 얼마나 중요한가를 강조했다. 생애 발달 과업을 강조했던 에릭 에릭슨(Erik Erikson)은 젊은 시절 중요한 인생 과업으로 '친밀감 획득'을 강조했다. 그리고 사랑을 심리학적으로 분석한 스턴버그(Roberts Sternberg)는 완전한 사랑을 만드는 중요한 요소 가운데 하나로 친밀감을 이야기했다. 또한 파이어스톤(Firestone)은 현대인들을 힘들게 하는 가장 핵심적인 심리적 문제 가운데 하나로 '친밀감에 대한 두려움(fear of intimacy)'을 지적했다.

정신분석가 이무석 박사도 『친밀함』이라는 저서에서 친밀감의 중요성에 대해 이렇게 말한다.

인생의 행복은 친밀감의 토양에서 피어나는 꽃이다. 사람들과 친밀해지면 일도 잘되고 인생의 짐도 수월해진다. 사랑도 성공하고 부부생활도 잘된다. 친밀한 사람들에 둘러싸인 자신이 자랑스러울 수도 있다. 친밀함은 자존감을 높여준다. 행복지수가 올라간다.[11]

이처럼 학자마다 친밀감을 정의하고 서술하는 방식에는 조금씩 차이가 있지만 그들은 하나같이 친밀감이 얼마나 중요한가를 강조하고 있다.

낮은 자존감과 옅은 친밀감의 상관관계

어린 시절 부모님과 어떤 상호작용을 했는지가 과거 나의 자존감에 중요한 기준이 된다면, 현재 나의 자존감을 보여주는 척도는 내가 타인과 맺고 있는 관계의 질이 중요한 기준이 된다. 친밀감을 누구와 어떻게 나누는가를 잘 살펴봐야 한다는 것이다.

낮은 자존감을 가진 사람은 다음 두 가지 면에서 친밀감의 문제를 드러낸다.

1. 사람들에게 잘 다가가지 못한다

낮은 자존감을 가진 사람들은 사람들에게 쉽게 다가가지 못하고 자신에게 다가오는 사람들에 대해서도 선뜻 팔 벌려 환영할 줄 모른다. 이들은 자존감이 낮아서 사람들과 쉽게 친밀해지지 못하는데, 그 결과로 자존감을 회복할 발판이 될 친밀한 관계를 맺을 기회도 줄어든다. 그러다 보면 관계 속 악순환이 반복된다.

특히 친밀감이 중요한 이성 간의 사랑에 있어서도 낮은 자존감의 문제는 관계에 큰 걸림돌이 된다. 낮은 자존감을 가진 사람들은 스스로에게 자신이 없고 자신이 사랑받을 만한 존재라는 확신이 없기 때문에 다른 사람이 자신을 사랑하고 존중해줄 것이라고 신뢰하지 않는다. 그래서 상대의 사랑을 자주 의식하고 확인하려 들기도 한다.

2. 사람들과 피상적인 관계만 유지한다

낮은 자존감을 가진 사람들은 관계 속에서 자신을 쉽게 드러
내지 못하고 피상적인 관계만 유지하기 쉽다. 친밀감을 표현했
다가 거절당하는 것이 두렵기 때문이다.

이들은 후에 실망할까봐 관계에 큰 기대를 하지 않기도 한다.
자신이 존중받고 환영받고 사랑받아 마땅한 사람이라는 탄탄한
자존감이 없으니 자신의 깊은 내면과 진심을 드러내기 힘들다.
관계는 자신을 진솔하게 드러내고 서로를 알게 되는 데서 시작
하는데, 자신을 드러내지 않으려 하니 시작하기 전부터 한계가
있는 것이다.

무너진 친밀감을 회복하기 위해

이해와 인정, 배려를 주고받으며 나는 물론 나와 함께하는 사
람들의 자존감을 탄탄하게 해주기 위해 우리는 수시로 관계를
점검하고, 나를 둘러싼 관계를 재정비하는 데 노력을 기울일 필
요가 있다. 친밀감을 키우기 위해 과거에 어떠했던가를 되짚어
보는 시간을 갖고, 이를 통해 앞으로 어떻게 해나가야 하는가에
대한 실마리를 얻을 필요가 있다.

나의 친밀감을 돌아보며 다음 세 가지를 염두에 두자.

1. 가까운 사람과 친밀감을 키우는 것이 중요하다

어떤 사람은 모든 사람과 친한 것처럼 보이고 언제나 밝고 명랑하지만 주변에 사람이 있어도 외롭다고 말한다. 또 어떤 사람은 소수의 사람하고만 친밀감을 공유하지만 만족스러워하기도 한다. 어떤 사람은 가까운 가족이나 친구들과의 관계는 소홀히 하면서 친밀감이 없는 표면적인 관계에 많은 에너지를 쏟는다.

친밀감이 없는 표면적인 관계 속에서는 우리의 진정한 모습이 나타나기 어렵고, 우리는 점점 더 자신에 대한 확신을 가지기 어려워진다. 그러다 보면 다른 사람도 믿기 어려워지고, 나를 존중하고 사랑할 기회도 줄어들게 된다.

많은 사람과 친밀한 듯 보이는 사람임에도 그 사람이 맺는 관계를 더 자세히 살펴보면 친밀감이 빠져 있는 경우가 있다. 그러니 흔들리는 자존감 때문에 고민할 때마다 내가 맺고 있는 관계를 돌아보자. 혹시 내게 정말 중요한 사람들에게 소홀히 하고 있지는 않은지에 대해서 말이다.

친밀감을 느끼는 관계가 많을수록 내가 흔들리는 순간 나를 잡아주고 나락으로 떨어지는 것만 같은 내 감정에 브레이크를 걸어줄 심리적 장치가 풍부하다는 것을 의미한다. 나와 어떤 방식으로든 관계를 맺고 있는 가족 · 친구 · 지인들을 찬찬히 살펴보고, 특히 가까운 사람들과의 친밀감부터 두텁게 만들자.

2. 친밀감의 표현은 다다익선이다

친밀감은 마음이다. 그런데 그 마음은 표현하지 않으면 쉽게 드러나지 않고 또 고정된 것도 아니기에 내 안에서만 흐르다 보면 금세 사라져버리기도 한다.

어떤 사람들은 말하지 않아도 다 알아주는 관계를 꿈꾸기도 하지만 표현하지 않으면 그 마음은 알 수 없을 뿐만 아니라 그 마음과 정반대의 오해가 생기기도 쉽다. 친밀감은 자주 표현해주는 것이 좋다.

친밀감을 표현할 때에는 겉으로만 좋은 척, 친한 척하기보다는 진심을 담아 마음을 표현하고 상대의 마음을 받아들이는 열린 자세가 필요하다. 소원해진 관계는 허심탄회한 표현을 통해 다시 끈끈해지고 없었던 관계의 연결망이 생긴다. 끈끈하게 연결된 관계의 망을 가진 사람은 어떤 시련이 와도 쉽게 극복할 수 있는 힘을 가진다.

3. 가장 소중한 친밀감은 나와의 관계에서 나타난다

많은 사람들이 행복과 건강을 위해 우리가 맺는 관계의 질이 얼마나 중요한가를 상식적으로 알고 있다. 그래서 예로부터 어떻게 타인과 관계를 맺고 유지해나가야 하는가에 대해 큰 관심을 가져왔다.

그러나 타인과의 관계 맺기에 열중하는 동안 쉽게 자각하지 못했던 중요한 맹점이 있다. 그것은 타인과 맺는 관계보다 더 중요한 것이 바로 내가 나 자신과 맺는 관계라는 점이다.

생각해보라. 하루 24시간, 일 년 365일, 가장 오랫동안 나와 함께 있는 사람은 누구인가? 내가 어디를 가든, 내가 무엇을 하든, 언제나 나와 함께 있는 사람은 누구인가? 그 사람은 다른 누구도 아닌 바로 나 자신이다.

그러기에 우리는 '나'라는 사람이 탄탄하게 서지 않고, '나'라는 사람을 존중하거나 사랑하지 못하며, '나'라는 사람과 친밀감을 느끼지 못할 때 가장 힘들어진다. 내가 나와 맺는 관계가 흔들릴 때에는 나를 둘러싼 모든 관계가 흔들리게 된다.

그러니 다른 사람과의 친밀감을 논하기 전에 우리는 스스로에게 먼저 물어야 할 것이다. 나는 과연 나와 친밀한가? 나는 과연 나를 잘 알고 이해하고 있는가? 혹시 다른 누구보다도 나 자신과의 관계가 소원해지지는 않았나?

다음과 같은 질문에 자신 있게 긍정적인 대답을 내놓을 수 없다면 스스로에게 진심을 담아 먼저 손을 내밀어보자. 나, 나와 친해지고 싶다고. 그리고 지금까지 언제 어디서든 나와 함께 해준 스스로를 토닥이고 응원해주자.

우리가 자신과 친밀할 때 타인과의 관계 역시 친밀감으로 가득 찬다. 그리고 그런 친밀감의 세례 속에서 우리의 자존감은 무럭무럭 자란다.

친밀한 관계의 토양에서 피는 자존감의 꽃

생텍쥐페리가 『어린왕자』를 쓸 무렵에 비해 우리가 관계를 맺는 방식은 더 다양해졌고 친밀감을 표현할 도구도 더 많아졌다. 어린왕자와 여우가 서로에게 길들여지기 위해 천천히 시간을 두고 조금씩 더 친밀해졌던 것과는 달리 이제 사람들은 문자와 이메일, 전화로 지구 반대편에 있는 사람들과도 실시간으로 대화를 주고받으며 단숨에 관계를 시작할 수 있다.

소통의 모든 것이 빠르고 일시적인 이 시대에 어린왕자와 여우의 관계맺음 방식은 지루하고 느리게 느껴지기도 한다. 그러나 시간이 지나고 친밀감을 표현하는 도구가 아무리 다양하고 복잡해진다고 해도, 우리가 관계 속에서 친밀감을 원하고 나누는 좋은 관계를 발판으로 나 자신을 더욱 사랑하고 존중하는 사람이 된다는 사실에는 변함이 없다.

일상에서 친밀감을 느끼는 가장 쉬운 방법은 의외로 간단하다. 내가 받고자 하는 친밀감의 세례를 타인에게 해주면 된다. 내가 먼저 누군가에게 다가가 말을 걸고 웃음을 지어보일 때 친밀감은 더 쉽게 찾아온다. 생각해보면 의외로 가까이에 있는 사람들과 눈을 마주보며 따뜻한 교류를 할 시간은 많지 않다.

친밀감이 메마른 일상에서 허덕이고 있다면 지금 이 순간부터 이것 한 가지만 실천하자. 나와 함께하는 사람의 눈을 보며 "고

마워, 좋아, 괜찮아, 잘했어"와 같은 친밀감을 표현하는 말을 전하자. 표현하는 순간 내 안에서 응축되어 나온 긍정의 에너지가 상대의 마음에도 닿게 되고, 관계에 흐르는 둘 사이의 끈끈한 친밀감을 다시 확인하고 확신하게 될 것이다.

물론 그런 말은 자신이 흔들리는 순간 스스로에게도 힘주어 말해줄 필요가 있다. 그러면 앞으로 나아갈 수 있는 용기를 얻게 될 것이다.

모든 사람은 친밀감을 원하고, 누군가가 자신에게 다가와 스스럼없이 말을 걸고 따뜻한 웃음을 지어주기를 기다린다. 친밀한 관계 속에서 우리는 자신이 존중받고 사랑받을 만한 사람이라는 사실을 진하게 느끼게 된다. 이런 친밀감의 토양 위에서 우리는 건강한 자존감의 꽃을 피우게 된다.

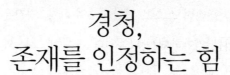

경청,
존재를 인정하는 힘

판단과 평가를 먼저 하다 보면 잘 들어주기가 힘들어진다.
포용하는 자세로 상대방의 이야기에 귀를 기울여야 한다.

경청함으로써 비로소 소통한다

각종 사건사고와 범죄 소식이 가득 찬 기사들 가운데 한 기사
가 눈길을 끈다. "내 이야기 들어줘서 고마워요"라는 제목의 기
사를 보면 한 사람이 타인의 이야기에 귀를 기울인다는 것이 어
떤 의미인가에 대해 깊이 생각해보게 된다.

기사에 따르면 생활고에 시달리던 한 남성이 흉기를 들고 돈
을 빼앗기 위해 학원에 간다. 그런데 강도로 들어간 그곳에서 그

는 전혀 다른 마음을 품고 나온다. 그리고 다시 그곳에 찾아간 그는 눈물을 흘리며 스스로 경찰에 자수한다. 경찰은 물론 많은 사람들이 이를 의아하게 받아들인다. 도대체 그는 왜 돈을 강탈하러 갔다가 아무도 신고하지 않겠다는데 굳이 자수한 것일까? 그것은 자신이 해를 입힌 학원 원장의 태도와 행동 때문이었다.

그가 휘두른 칼에 약간의 상해를 입고 나서도 원장은 그와 함께 앉아 그의 이야기를 들어주었다고 한다. 이 세상 누구하나 막막한 자신의 사정을 들어줄 사람이 없었기에 절망의 끝에서 범행을 시도했던 그는 그녀의 모습에 큰 감동을 받았다.

그래서 마음을 고쳐먹고 그곳을 나왔지만 이내 죄책감과 고마움에 다시 그곳에 찾아가 눈물을 흘리며 자신을 경찰에 신고해 달라고 했다고 한다. 그녀가 신고하지 않자 그는 스스로 경찰에 자수했고, 경찰은 피해자가 고발을 원하지 않기에 고심 끝에 불구속 처리했다고 한다.

이 이야기는 경청이 우리에게 얼마나 큰 힘을 주고 변화시키는 힘을 전하는가를 보여준다. 우리는 우리의 이야기를 들어주는 사람이 없을 때 불안·우울과 같은 정서적 문제에 빠지고 스트레스에 취약해진다.

누군가 우리의 이야기를 경청할 때 우리는 든든한 느낌을 얻게 되는데, 반대로 경청을 해주는 사람이 없으면 우리는 세상 천지에 홀로 떨어진 것처럼 아득한 느낌이 든다. 그러면 우리 마음은 척박해지고 좁아지며 쉽게 흔들린다. 물론 이런 일이 반복되다 보면 우리의 자존감은 나락으로 떨어지게 된다. 그러기에 서로의 이야기를 경청하는 것이 필요하다.

칼 로저스(Carl Rogers)를 비롯한 학자들은 우리의 자존감이 가치 타당화 과정을 통해 더 탄탄하게 이루어진다고 보았다. 타당화(validation)란 "그래, 그랬구나" 하고 우리 마음에 고개를 끄덕여주는 것이라고 생각하면 된다. 경청해주는 누군가의 모습을 통해 우리는 타인의 모습에 비친 우리 스스로를 보고 자신의 존재감을 느끼게 된다. 또한 우리는 경청함으로써 타인과의 관계에서 소통할 수 있게 되고, 서로에 대한 타당화를 주고받는 경험을 하게 되는 것이다.

경청, 어떻게 할까?

사실 우리는 매일 같이 누구를 만나든 이야기를 주고받는다. 그런데 단순히 이야기를 듣는다고 경청하고 있다고 말하기는 힘들고, 누군가가 우리의 이야기를 들어준다고 해서 우리의 존재를 인정받는 것 같은 타당화 경험을 하기는 쉽지 않다.

때로는 오히려 말을 하면 할수록 갑갑함을 느끼거나 상처받게 되고, 관계 속 갈등이 심해지는 경우도 있다. 그저 듣는 것과 흘려든는 것, 그리고 경청하는 것 사이에는 하늘과 땅의 차이가 있고 완전히 다른 결과가 나타난다.

그렇다면 우리는 서로의 존재를 인정하고 더 나은 소통을 하며 서로의 자존감을 강화시켜주기 위해 어떤 방식으로 경청하면 좋을까?

1. 판단이 아닌 포용의 태도를 가진다

경청에서 가장 중요한 태도는 포용이다. 누구나 자신을 품어주는 사람 앞에서는 긴장을 풀고 자신 본연의 모습을 보이기 마련이다. 반면에 우리를 평가하고 판단하는 사람 앞에 서면 위축되기 쉽고, 우리 모습을 숨기게 되기도 한다. 또한 반대로 판단하고 평가하기 시작하면 제대로 경청하기 힘들고, 말하는 사람의 마음이 어떤지 잘 들리지도 않는다. 그러다 보면 소통은 막히고, 관계는 경직된 방식으로 흐르게 된다.

판단과 평가가 필요한 순간도 있겠지만 판단과 평가를 먼저 하다 보면 잘 들어주기 힘들어진다. 경청하기 위해서는 일단 포용하는 자세로 상대방의 이야기에 귀를 기울이는 것이 필요하다.

영어 표현에서 '듣다'를 뜻하는 대표적인 동사는 'hear'과 'listen', 이렇게 두 가지가 있다. 이 둘은 얼핏 같은 뜻을 공유하는 것 같지만 사실은 정반대의 뜻을 가지고 있는 것과 다름없다.

먼저 'hear'는 의식적인 노력이나 집중 없이 우리 귀를 스치는 모든 소리에 대한 반응이다. 우연히 들린 모든 것을 의미한다.

반면에 'listen'은 보다 의식적인 선택과 집중을 표현한다. 따라서 경청하는 자세가 포함된 표현은 listen에 가깝다. 건성으로 들리는 것만 듣는 것이 아니라 듣고자 하는 것을 주의 깊게 듣는 것이다. 누군가가 하는 말에 주의를 기울여보면 겉으로는 A를 말하고 있으나 사실은 B를 표현하기 원하는 때가 있다. 예를 들어 어떤 친구가 겉으로는 싫다고 말하며 화를 내고 있지만 그 말에 잘 귀를 기울여보면 그 친구는 싫거나 화가 난 것이 아니라 부끄러움을 표현하는 경우가 있다.

겉으로 드러난 표현만을 듣고 타인의 마음을 섣불리 단정짓게 된다면 소통은 막히고 흐려진다. 겉으로 드러난 표현 밑에 깔린 마음에 집중할 때 우리는 경청이 불러오는 소통의 힘을 누릴 수 있다.

2. 경청의 기술을 익히자

심리학자 이건(Egan)은 특히 심리치료 장면에서 경청의 방법에 대한 연구를 하고, 좋은 경청을 하는 방법을 제안했다. 그는 SOLER라는 머리글자를 써서 경청의 방법을 이야기했다. 상대를 정면으로 응시하고(Squarely), 개방적 자세를 취하며(Open), 상대방 쪽으로 몸을 기울이고(Lean), 적당한 눈 맞춤을 유지하며(Eye), 편안하고 자연스럽게(Relax) 관계 맺기를 시도하라는 것이다.

학자들이 제안한 좋은 경청의 기술을 살펴보면 나와 상대의 언어적 표현뿐만 아니라 비언어적 표현도 세심하게 살피는 것이 중요하게 강조되고 있음을 알 수 있다. 그들은 경청을 잘하는 기술을 제시하기는 했으나 경청은 기술이 아닌 태도의 문제라는 점을 강조하기도 한다. 우리는 흔히 '어떻게 말할 것인지'에 신경을 많이 쓰지만 우리가 스스로와 맺는 관계, 그리고 타인과 맺는 관계에서 더 중요한 것은 '어떻게 들을 것인지'다.

들어주는 사람이 있을 때 우리는 막힌 마음의 응어리를 풀고 새로운 관점을 얻고, 우리 스스로를 더 강하고 탄탄하게 이끌어 나갈 수 있게 된다. 또한 잘 들어주는 사람이 될 때 다른 사람과 더 나은 소통을 하고, 스스로에 대한 자부심과 자존감도 함께 높아진다.

나는 잘 듣고 있는 것일까?

경청 훈련 세미나에서는 다음과 같은 활동을 하기도 한다. 두 명씩 짝을 지어 5분 동안 각각 '집중해서 듣기'와 '딴청하며 듣기'를 번갈아가며 역할극을 해보도록 한다. 직접 해볼 필요도 없이 우리는 '집중해서 듣기'와 '딴청하며 듣기'가 참여자들에게 다른 영향을 불러일으킬 것이라고 예상할 수 있다.

단지 역할극일 뿐인데도 이 두 가지를 연달아 해본 참가자들은 경청과 딴청이 자신의 마음속에 얼마나 다른 파장을 불러오는가를 느끼며 놀라워한다. 경청이 기분 좋고 든든하게 하는 반면에 딴청은 불쾌하고 위축시키는 경험임을 크게 깨달은 것이다.

이 사실을 알고 난 후 이 세미나에 참석했던 한 남학생은 자신이 경청보다는 딴청을 많이 할 뿐만 아니라 자신은 경청하지 않으면서 다른 사람이 자신의 말을 경청해주지 않는다며 불평해왔다는 것을 깨달았다고 말했다. 그는 다음부터 자신의 일상에서 경청을 더 열심히 실천하기로 결심했다.

그러나 이는 쉽지 않았다고 한다. 버튼이 잘못 눌러져서 우연히 친구와의 통화가 녹음된 것을 들어본 그는 불과 며칠 전에 했던 자신의 경청 결심이 무색하도록 다른 사람의 말을 중간에서 끊고, 자기 이야기하기에 바쁜 자신의 목소리를 듣게 되었다고 했다. 이처럼 우리는 매일 같이 말을 하고 말을 듣는 것을 반복하지만 무심코 말하고 건성으로 듣고, 또 누군가가 무심코 한 말에 상처받고, 건성으로 흘려듣고 오해를 쌓아간다.

우리가 삶에서 목격하는 모든 갈등과 다툼, 범죄와 전쟁은 이야기를 들어주는 사람이 없고 이야기를 주고받는 통로가 막힐 때 나타나는 것이다. 그러니 우리는 내면의 행복은 물론 타인과 맺는 관계를 탄탄히 하고 건강한 사회를 만들어나가기 위해 서로의 이야기에 귀를 기울일 필요가 있다.

여러분은 얼마나 잘 들어주는 사람이며, 여러분 주변에서는 누가 여러분의 말을 가장 잘 들어주는가? 여러분의 자존감이 자주 흔들린다면 지금 여러분에게 필요한 것은 여러분의 말을 경청해주는 사람들이다.

지금 당장 경청해주는 사람이 없다고 실망하거나 불평할 필요는 없다. 일단 여러분이 받고 싶은 것을 먼저 해주자. 너와 나의 자존감에 힘을 실어주고 소통을 유연하게 해줄 경청, 바로 지금부터 실천하자.

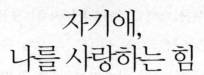

자기애,
나를 사랑하는 힘

살아가는 데 냉철한 판단과 현실인식보다 더 중요한 것은
스스로를 아름답고 사랑스럽게 볼 수 있는 긍정적인 태도다.

내 사랑은 내 것!

니콜라스 케이지가 쌍둥이 역할을 하며 출연한 영화 〈어댑테이션〉을 보면 외모는 같지만 성격과 자존감이 정반대인 쌍둥이 형제가 나온다. 먼저 쌍둥이 형, 찰리는 매사에 소극적이며 우울해하고 자신이 없는 모습을 보인다. 반면에 그의 동생 도날드는 찰리와 똑같이 볼품없는 외모를 가지고 있지만 매사에 장난기가 가득하고 자신감이 넘친다. 그들의 대화를 들어보면 이들이 얼마나 다른가를 알 수 있는데, 우리는 특히 이 대화에서 나타난 동생 도날드의 사랑관을 통해 그의 탄탄한 자기애를 엿볼 수 있다.

찰리　나는 평생 다른 사람들이 나를 어떻게 생각하는지에 집중하고 걱정하며 살았어. 그런데 넌 모르고 살더라. (중략) 고등학교 때 도서관 창문으로 봤어. 넌 사라 마셜이랑 이야기하고 있었지.

도날드　아, 난 걔 진짜 좋아했는데.

찰리　알아 넌 친한 척하는데 네가 가니까 걔가 네 뒷말하면서 우습게 말하더라. 마치 나를 놀리는 느낌이어서 별로였어. 근데 넌 전혀 모르고 그냥 행복해 보이더라.

도날드　사실 나, 다 알고 있었어. 나도 들었거든.

찰리　근데 왜 그리 행복해 보였지?

도날드　나는 걜 좋아했어. 그 감정은 내 거잖아. 그 사랑하는 감정은 내가 가진 거지. 그건 사라라도 가져갈 수 없는 거야. 그냥 상관없이 사랑했어.

찰리　아우, 그럼 너무 비참한 거 아냐?

도날드　그건 걔가 알아서 할 거지 내가 신경 쓸 건 아냐. 내 사랑은 내 거야. 그 누구도 그 사랑을 뺏어갈 순 없지. 난 아주 예전부터 그렇게 생각하기로 했어.

이 대화를 하기 전까지 형인 찰리의 입장에서 동생의 낙천성과 자신감은 얼토당토않은 것처럼 보인다.

찰리는 이미 성공적인 영화 작가로 타인의 인정과 기대를 한 몸에 받고 있지만 그의 독백을 들여다 보면 그의 자존감은 바닥을 치고 있었다.

영화는 그의 마음속 독백을 실시간으로 들려주며, 그가 겉으로는 인정받고 있어도 내면으로 얼마나 고통스러운 일상을 보내는가를 보여준다. 그는 자주 말한다.

"난 대머리에 뚱뚱하고 매력이 없어. 이번 일을 망치게 될 게 분명해."

이런 마음을 품고 결과를 끌어내기까지 과정이 너무 힘들기 때문에 그는 항상 지쳐 있고 위축된 모습을 보인다. 그리고 그의 마음속 독백은 마음 밖으로 새어나올 수밖에 없다.

그는 시도 때도 없이 식은땀을 흘리고 사람들을 피하고 쉽게 의기소침해하며 비굴해한다. 그는 언제나 긴장 때문에 빨개진 귓불과 식은땀, 식은땀이 흐르는 이마, 반짝이는 대머리, 못생기고 뚱뚱한 몸을 가리려고 하며 수치심에 힘들어한다. 한편 우리는 그가 느끼는 열등감과 패배감, 스트레스가 그를 앞으로 끌고 가는 동력이라는 점을 알 수 있다.

그는 어떤 일이든 '하고 싶어서' 하기보다는 '못하면 안 되니까', '하지 않으면 안 되니까' 한다. 이런 그의 모습은 겉으로는 잘해내고 있으면서도 속으로는 갈등하는 우리의 모습을 대변한다. 또한 타인이 거절할까봐 두려워하고 하고 싶은 이야기를 제대로 하지 못할 때의 우리 모습을 대변하기도 한다.

반면에 그의 쌍둥이 동생인 도날드는 외모는 형과 같을지 몰라도 자기 자신과 자신이 하는 일에 대해 전혀 다른 태도를 보인다. 그는 어떤 직업도 갖지 못하고 형의 집에서 무위도식하며 말도 안 되는 시나리오를 쓰고 있지만 언제나 즐거워 보인다. 그는 미래의 비전이 없어도 자신이 하는 일에 희망을 걸고 있으며 작은 일에도 쉽게 기뻐한다. 형이 쌀쌀맞게 굴어도 그는 굴하지 않는다.

겉으로 보기에 도날드는 가볍고 경망스러우며 대책 없는 낙천주의자처럼 보인다. 그러나 우리는 앞의 대화를 통해 그의 낙천성이 허황되고 뜬구름 같은 환상과 비현실성에만 기대고 있는 것은 아니라는 것을 알 수 있다. 그는 자신이 사랑하는 누군가가 그 사랑을 돌려주지 않고 조롱하고 놀리며 거절하는 모습을 보인다고 해도, 그의 사랑은 그의 것이며 타인이 자신을 어떻게 대하든 자신이 사랑스러운 존재라는 것에 대해 한 치의 의심도 하지 않는다.

"내 사랑은 내 것"이라는 그의 말 속에는 탄탄한 자기애가 담겨 있다. 이보다 더 진지하고 예리하며 현실적인 자기애가 있을까 싶기도 하다. 이를 바탕으로 그는 이 삶을 한바탕 즐겁게 살아볼 만한 것으로 만들어가고 있다.

자기애와 자존감

자존감이 자신을 존중하는 마음이라면 자기애는 자신을 사랑하는 마음을 뜻한다. 이 두 개념은 우리의 마음속에서 시너지 효과를 불러온다. 나 자신에 대한 존중과 사랑이 나의 행복과 심리적 건강을 떠받드는 중요한 두 축이 된다는 것은 다른 설명이 필요 없을 만큼 당연한 이야기다.

그런데 어떤 사람들은 쌍둥이 동생 도날드처럼 언제, 어떤 상황에 처하든 자신의 사랑이 자신의 것이라는 것을 잊지 않고 경쾌하게 삶을 살아가는 반면, 어떤 사람들은 쌍둥이 형 찰리처럼 부족한 자기애에 허덕이며 타인의 반응에 민감한 모습을 보인다.

그러기에 이들은 아무리 성공적인 삶을 살고 있어도 매사가 무겁고 힘겹다. 이들의 내면 거울에 비친 세상은 부족하고 볼품없는 자신의 능력과 모습을 덮기 위해 이겨내고 참아내야 하는 과제들 투성이다.

여러분은 도날드와 찰리 중 어느 쪽에 가까운가? 혹시 찰리처럼 하루하루를 숨 막히는 긴장감 속에서 살고 있지는 않은가? 마치 응급병동과 같이 시급히, 그러면서도 제대로 해내야 할 무거운 짐들을 가슴에 안고 자신의 모습이 들킬까봐 조마조마하며 살고 있지는 않은가? 자신은 해낼 수 없을 것만 같고 사랑스럽지 않다는 의구심에 시달리며 타인의 무심한 반응 하나하나에

온 신경을 곤두세우며 위태롭게 버티고 있지는 않은가? 찰리처럼 타인의 행동에 비판적이고 비관적인 평가의 잣대를 들이대며 스스로를 고립시키고 있지는 않은가?

그렇다면 여러분 마음속 자기애의 다리는 끊어져 있는 것이나 마찬가지다. 그 다리는 트라우마와 같은 부정적 경험의 폭격을 맞아 끊어진 것일 수도 있고, 애초부터 너무 아슬아슬하게 지어져 작은 압력과 스트레스에 쉽게 바스러져 버린 것일 수도 있다.

우리는 마음속 자기애의 다리를 튼튼히 세워야 어떤 일이 일어나도 잘 건너갈 수 있다. 자기애의 다리를 튼튼하게 하는 것은 세상의 어떤 공사보다 더 시급하게 해야 할 공사인 것이다.

끊어진 자기애의 다리를 이어 붙이기 위해

예전에 유명한 광고 중 이런 것이 있다. 한 여자가 도도한 눈매로 화면을 응시하며 이런 말을 흘리고 돌아선다.

"난 소중하니까요!"

또 다른 광고에서는 이런 메시지가 반복된다.

"나를 사랑하자!"

이런 광고들은 자신들의 제품을 써야 자기애와 자존감을 실천하고 차곡차곡 '적립'해나갈 수 있다는 암시를 깔고 있지만 사실 그런 방식의 실천에는 한계가 많다. 어떤 제품을 쓰고 어떤 스타일을 가져야 자신을 사랑하는 것은 아니다. 있는 그대로의 자기 모습을 받아들이고 사랑해주는 것이 자기애를 실천하는 것이라 할 수 있다. 다만 자기애와 자존감이 이런 외부의 상업적 메시지에서조차 강조되고 있다는 점에 주목해보자. 꼭 이런 메시지들이 아니라도 우리는 스스로를 소중히 여기고 사랑할 필요가 있다.

그렇다면 우리 마음속에 진정한 자기애와 자존감을 심으려면 우리에게 무엇이 필요할까? 이에 대한 실마리를 얻기 위해 영화 속 도날드와 찰리의 차이를 더 살펴보자.

긍정 편향, 때로는 착각이 우리를 건강하게 한다

도날드와 찰리는 쌍둥이 형제이지만 그들의 현실인식과 자기인식은 큰 차이를 보인다. 그리고 이 차이가 그들을 극단적으로 다르게 만든다.

먼저 찰리는 자신과 자신이 속한 현실에 대해 냉철하고 판단적이며 비관적인 방식으로 평가를 내린다. 반면에 도날드는 관대하고 낙천적이며 섣불리 판단을 내리지 않는 모습을 보인다.

이런 자기인식과 현실인식의 차이는 그들이 일상에서 순간순간 느끼는 감정의 색깔과 농도를 다르게 만들고, 이들의 관계 패턴에 막대한 영향력을 미치며 스트레스의 양과 대처방식도 다르게 만든다. 그리고 이는 결국 찰리는 성취하면서도 불행한 사람으로, 도날드는 백수이면서도 행복한 사람으로 만든다.

사실 찰리의 입장에서 도날드는 지나치게 낙천적이다. 그는 시종일관 이런 동생의 대책 없음을 꼬집고 답답해하지만, 그의 다분히 현실적인 판단은 그의 정신건강에 별로 도움이 되지 않는다. 자기애가 부족한 '척박한 마음 밭'을 일구고 있는 사람들은 대개 찰리처럼 현실적이고 냉철한 방식으로 자신과 현실을 바라본다.

그러기에 이들은 자신을 하찮게 평가하기 쉽고, 언제나 스스로를 책망한다. 그리고 그들은 대개 이런 태도를 자기 자신뿐만 아니라 타인에게도 적용하기 때문에 다른 사람에 대해서도 평가 절하하거나 비관적으로 바라보게 된다. 스스로를 있는 그대로 사랑하기 어려울 뿐만 아니라 타인을 있는 그대로 사랑하기도 어려운 것이다.

일군의 심리학자들은 이렇게 냉철하고 현실적인 태도와 인식, 판단이 우리의 마음에 어떤 영향을 미치는가에 대한 실험을 했다. 그들은 우울한 사람들과 우울하지 않은 사람들이 자신과 자신이 속한 세계에 대해 어떤 인식 차이를 보이는가를 비교했다.

우리는 당연히 우울한 사람들의 자기인식과 세계관이 더 우울한 색조를 보일 것이라는 점은 쉽게 예상할 수 있다. 그런데 학자들은 이 실험을 통해 그 예상을 확인함과 더불어 우울한 사람들의 인식이 보다 객관적이고 현실적이라는 점도 밝혔다.

우울감을 느낀다는 것은 세상을 비관적으로 본다는 것을 의미하기도 하지만 세상을 환상이나 희망의 렌즈 없이 맨눈으로 본다는 것을 의미한다. 우리가 환상이나 희망의 렌즈 없이 맨눈으로만 자신과 우리를 둘러싼 세상을 본다면, 스스로에 대한 사랑과 존중감을 잃고 우울에 빠지기 쉬워진다는 것이다.

또 다른 학자들은 보통 우리가 자신과 삶을 다소 낙천적으로 보는 경향이 있다는 점을 들어 '긍정적 착각(positive illusion)' 이라는 개념을 구성했다. 그리고 긍정적 착각이 우리의 행복에 긍정적인 영향을 미친다는 사실을 밝혀냈다. 이는 결국 우리가 행복을 느끼기 위해서는 우리가 자신과 세상을 약간은 들뜨고 부풀려진 방식으로 바라볼 필요가 있다는 것을 말해준다.

지나치게 들뜨고 부풀려진 방식으로 자신을 바라본다면 이 역시 문제가 되겠지만, 앞의 연구 사례와 영화 속 도날드의 이야기는 자신을 가능성과 희망의 렌즈로 바라볼 것을 종용한다. 냉철한 판단과 현실인식보다 더 중요한 것이 스스로를 아름답고 사랑스럽게 볼 수 있는 태도라는 것이다.

결국 '나는 대머리에 뚱뚱하고 매력 없으며 이번 일을 망칠 것이 분명하다'는 찰리의 자기인식은 '나는 나만의 매력이 있을 뿐만 아니라 지금까지 잘해왔듯 이번에도 잘해낼 것이 분명하다'로 바뀌어야 한다는 것이다.

비관적인 평가 밑에 깔린 긍정적인 마음을 알아주자

이 영화에서 극단적으로 상반된 자기인식을 하고 있던 두 형제가 쌍둥이였다는 사실 역시 우리의 탄탄한 자존감을 위해 무엇이 필요한가에 대한 실마리를 제공한다. 영화 속에서 이들은 각각 다른 개별적인 존재로 그려지고 있지만 이들의 극단적으로 다른 '자기인식'은 한 쌍이다. 우리가 의기소침해져 있고 '난 별로야'라는 생각에 괴로운 순간 우리 안에는 이와 반대를 대변하는 목소리가 저변에 잠겨 있다.

'난 별로야'라는 생각이 지배하고 억압하기에 잘 들리지 않을 뿐 정말 내가 완전히 별로인 것은 아니다. 부정적인 자기인식이 우리의 마음을 강타하고 우리를 흔들어댈 때마다 그 인식의 정반대편에는 그에 상반된 쌍둥이의 목소리가 있다.

그 목소리를 찾아주자. "별로야"에는 "괜찮아"를, "안 될 거야"에는 "될 거야"를, "왜 그랬을까"에는 "그럴 만한 이유가 있었을 거야" 등 이런 쌍둥이를 찾아줌으로써 우리는 기울어졌던 마음의 균형을 다시 잡을 수 있다.

또한 저변을 치는 부정적인 자기인식을 잘 살펴보면 이 속에는 긍정적으로 변화하고자 하는 치열한 욕망이 잠겨 있다. 우리가 자책하며 '왜 이것밖에 안 되지' 라며 힘들어하는 마음 밑에는 '정말 잘 하고 싶다' 는 마음이 담겨 있는 것이다.

부정적인 자기인식 속에 담긴 내 안의 이런 긍정 에너지에 더 집중하고 이를 잘 활용해보자. 그러다 보면 나를 사랑하고 존중할 수 없었던 가장 큰 이유가 결국에는 전보다 더 나를 사랑하고 존중하는 이유로 바뀌게 될 것이다.

나를 사랑하는 힘만 있으면 두려울 것이 없다

우리가 가진 모든 문제는 사랑의 거절과 부족에서 비롯된다. 그리고 세상 모든 사랑의 거절과 부족 가운데 나에 대한 사랑의 거절과 부족은 그 어떤 것보다 우리를 아프게 한다. 누가 내 사랑을 어떻게 거절하든 내 사랑은 내 것이라며 흔들리지 않고 자신을 사랑했던 영화 속 도날드의 이야기가 여러분에게는 어떻게 들리는가?

사랑의 세례로 우리의 마음을 채운다면 세상의 어떤 갑옷보다 든든한 면역 체계를 구축하게 되는 것이다. 나를 사랑하는 자기애의 튼튼한 다리를 세우자.

　그러면 우리 마음은 더이상 응급 병동처럼 긴장과 불안에 위태롭게 흔들리지 않을 것이다. 내 안의 잠재력을 있는 그대로 발산할 수 있는 안온한 마음 밭을 일구는 자기 사랑, 바로 지금부터 시작하자.

자기수용,
나를 보듬어주는 힘

어떤 상황 속에서도 스스로를 받아들이고 내려놓는 마음을 품자.
자기수용은 자존감과 함께 심리적 건강을 지탱하는 핵심 축이다.

정말 그의 자존감은 너무 높은 것일까?

입사 면접을 보고 나온 지훈 씨의 표정이 좋지 않다. 그는 이번 면접을 위해 어느 때보다 더 열심히 준비했다. 꼭 가고 싶은 회사인 만큼 자신의 잠재력과 열정, 준비도를 전하기 위해 오랜 시간 노력했지만 정작 면접장에 간 그는 첫 질문부터 난관에 부딪혔다.

"김지훈 씨, 인적성 검사 결과를 보니 사회성이 낮게 나왔네요. 회사는 조직생활인데 잘할 수 있겠어요?"

면접관의 질문에 그는 갑자기 머릿속이 하얘지면서 어떻게 대답해야 할지 몰랐다. 이전에도 그는 누군가 자신을 부정적으로 평가하는 이야기를 들으면 다른 사람보다 더 쉽게 동요하고 더 오래 힘들어하곤 했다. 그리고 사회성이 부족하다는 것은 그가 자신의 최대 약점으로 생각하고 있는 부분이기도 했다.

첫 질문부터 정곡을 찔린 그는 면접 내내 어떤 질문에도 머뭇거리며 제대로 대답하지 못했다. 한 질문에서 틀어지고 나니 그 이후 다시 마음을 잡고 제대로 대처하기 어려워진 것이다. 그는 결국 준비했던 것은 하나도 펼쳐 보이지 못하고 패잔병의 마음으로 면접장을 나왔다.

면접이 끝난 지 며칠이 지났지만 그는 여전히 면접을 망친 자신을 받아들이기 어렵다. 그는 오늘도 밤잠을 설치며 스스로를 다그치고 우울해한다. 그러면서 불면증에 시달리다 보니 몸과 마음에 기운이 없어서 하고자 하는 일도 제대로 못하고 있다고 했다.

"도대체 왜 그런 거야? 왜 그렇게 밖에 못한 거야?" 하고 자책하는 그를 보면 자존감이 낮은 게 아닌지 의심스럽다. 그런데 자존감과 관련해서 지훈 씨에게 물으면 그는 이렇게 대답한다.

"저도 사회성이 낮은 게 문제가 된다고는 생각하지만 자존감은 높다고 생각하는데요. 전 저를 소중하게 생각하는 편이에요.

오히려 너무 소중히 여겨서 탈인 듯한데요."

그는 오히려 자존감이 높아서 문제라고 한다. 정말 그의 자존감은 너무 높은 것일까?

자존감, 너무 높아도 문제

우리는 보통 높은 자존감을 긍정적으로 바라보고, 자존감을 높여야 건강하고 행복한 삶을 살 수 있다고 생각한다. 그리고 대개의 경우 이는 옳은 말이다.

그러나 일군의 학자들은 자존감이 낮아도 문제지만 자존감이 너무 높아도 우리의 정신 건강을 해롭게 할 수 있다고 주장하기도 한다. 이와 관련된 연구들을 보면 실제로 자존감이 너무 높은 나머지 다른 사람의 평가나 비판을 받아들이기 힘들어하는 사람들도 있고, 공격적인 모습을 보이는 사람들도 있다는 점을 알 수 있다.

이런 자존감의 특성에 대한 이해를 돕기 위해 커니스(Kernis)를 비롯한 학자들은 자존감을 높낮이 차원뿐만 아니라 안정성의 차원에서도 고려해야 한다고 주장한다. 자존감이 상황에 따라 쉽게 흔들리는가, 그렇지 않은가를 보자는 것이다.

그는 불안정한 자존감을 가진 사람일수록 상처받기 쉽고, 타인에 대한 분노와 적대감을 더 많이 표현한다고 했다. 단순히 자존감이 높다고 해서 좋은 것은 아니라는 것이다.

높은 자존감을 가진 사람이라도 타인의 평가에 좌지우지되고 스트레스를 받으면 마음이 널뛰기하듯 불안정한 모습을 보이고, 또 이 때문에 다른 사람과 조화로운 관계를 유지하지 못한다면 마음이 힘들어지기 쉽다. 자신을 평가하는 한마디에 민감하게 반응하는 지훈 씨처럼 말이다.

지훈 씨의 불면증과 사람들과의 관계 속에서 느끼는 불편감은 모두 흔들리는 자존감에서 비롯된다. 그러니 그가 앞으로 더욱 중점적으로 살펴보고 고쳐나가야 할 부분은 낮은 사회성이 아닌, 높지만 상황에 따라 쉽게 흔들리는 자존감이다. 그가 '타인과 어떻게 관계할 것인가?'의 문제를 해결하기 위해서는 일단 '자신과 어떻게 관계할 것인가?'의 문제를 해결할 필요가 있다는 것이다.

자기수용, 자존감의 땅으로 이끄는 마음의 징검다리

많은 학자들이 내가 나와 맺는 관계 속에서 중요한 개념으로 '자기수용'을 꼽는다. 어떤 상황 속에서도 스스로를 받아들이고 내려놓는 마음을 품는 것이 중요하다는 것이다. 특히 자신이 부족하다고 생각하는 부분, 자신의 뜻대로 되지 않는 부분을 마주할 때 우리가 우리 스스로에게 건네는 말에 귀를 기울여보면 우리가 수용을 실천하고 있는가를 알 수 있다.

매키네스(Macinnes)라는 학자는 이와 관련해서 자존감과 자기수용의 관계, 그리고 이들 간의 공통점과 차이점을 밝히는 일련의 연구를 했다. 이를 토대로 그는 자기수용이 자존감과 함께 우리의 심리적 건강을 지탱하는 중요한 심리적 축이라는 점을 밝혔다. 자존감이 흔들리는 순간 우리가 스스로를 붙잡을 수 있도록 도와주는 것이 자기수용이라는 것이다.

지훈 씨가 지금 흔들리고 우울한 마음을 품게 된 이유는 '자신을 있는 그대로 받아들이지 못해서'라고 할 수 있다. 그의 마음이 더 편해지려면 '왜 그랬지?', '왜 그렇게 밖에 못했을까?'라는 마음을 '그럴 수도 있지', '때로는 잘못할 때도 있고 일이 어그러지기도 하지'라고 고쳐먹을 필요가 있다. '왜?'라는 질문에 매여 스스로를 다그치다 보면 앞으로 나아가기가 어렵기 때문이다.

자신을 받아들일 수 없을 때 우리의 마음은 언제까지나 마음에 들지 않는 과거의 상황 속을 다람쥐 쳇바퀴처럼 돌고 또 돌 뿐이다. '왜?'라는 질문을 넘어 '그랬지'라고 자신을 받아들이고 긍정할 수 있어야 우리는 우리를 힘들게 하고 흔드는 마음의 소용돌이에서 벗어날 수 있다. 자기수용은 탄탄한 자존감의 땅으로 우리를 데려다 주는 마음의 징검다리인 셈이다.

'적어도', '절대로' 가 아닌 '무조건' 으로

우리는 시시각각 다양한 상황 속에 놓이게 된다. 때로 우리는 우리 모습에 스스로 만족해 '이게 나야' 라고 받아들이기도 하지만, 또 어떤 때에는 '이건 아냐' 라고 외치고 싶을 정도로 받아들이기 힘든 우리의 모습을 마주하기도 한다. 그리고 '이건 아냐. 적어도 그 정도는 되어야지. 절대로 그건 하지 말았어야지' 라는 마음을 더 오래, 더 단단히 붙들고 있을수록 우리는 스스로를 더 큰 불행 쪽으로 바짝 웅크리게 만든다.

우리의 심리적 건강에 있어 사고와 정서, 행동 간의 긴밀한 연계를 밝히는 합리적 정서치료(REBT ; Rational Emotive Behavior Therapy)를 창시한 심리학자 앨리스(Albert Ellis)는 자존감 형성에 자기평가의 과정이 들어갈 수밖에 없음을 강조했다. 그러면서 그는 자신에 대한 평가가 객관적이고 절대적인 기준에 따라 이루어지는 것이 아니라 지극히 주관적이고 비합리적인 모습을 띄게 될 수 있으며, 타인의 평가와 인정에 따라 흔들리게 되기도 쉽다는 점을 강조했다.

이런 생각을 바탕으로 자존감을 바라본 그는 우리의 탄탄한 자존감을 위해 중요한 한 가지를 강조한다. 바로 무조건적인 자기수용이다. 누가 뭐라 하든, 자신이 얼마나 못나 보이든, 상황이 얼마나 어렵든 그저 스스로를 무조건 안아주라는 것이다.

우리는 이 말을 반드시 기억할 필요가 있다. 그래야 '적어도 이 정도는 해야지', '절대로 그러면 안 되지'라는 엄격하고도 모호하고, 변덕스럽고도 날카로운 기준의 먹구름으로 우리 마음을 흐릿하게 만들지 않을 것이기 때문이다. 이런 우리 마음이 맑게 펼쳐질 때에야 우리는 다시 새로운 시도를 해볼 힘이 생기게 될 것이다.

자기수용에서 한 단계 더 나간 자기용서

최근에 일군의 학자들은 자기수용뿐만 아니라 자기용서라는 개념에도 관심을 가지고 있다. '자기용서'란 말 그대로 자신이 스스로에게 해를 입히고 상처주고 아프게 했던 다양한 모습들까지 '그땐 그럴 만도 했을 거야'라며 다독여주고 지나가 주는 것을 의미한다. 자존감이 낮은 사람일수록 자신을 용서하는 일을 타인에게 용서를 구하거나 타인을 용서하는 일만큼이나 어렵게 느끼는 것 같다.

많은 학자들이 타인은 물론 자신을 용서함으로써 우리가 더 크게 성장하고 치유받을 수 있다고 이야기한다. 용서를 통해 슬픔·불안·분노와 같은 부정적인 마음 상태에서 우리 스스로를 해방시킬 수 있고, 우리의 발목을 붙잡는 과거의 족쇄에서 벗어나 현재를 보다 생생하게 살 수 있다는 것이다. 그러면 더 긍정적인 눈으로 미래를 바라볼 수도 있게 된다.

여러분은 자신의 어떤 점을 스스로 용납하기 어려워하는가? 스스로에게 용서를 구한다면 어떻게 용서를 구하겠는가? 잠시 시간을 내어 마음속으로 스스로에게 용서를 구하고 또 스스로를 다독여보는 시간을 가져보는 것은 어떨까?

어쩌면 용서하기 어려운 타인을 용서하는 것보다 스스로를 용서하는 것이 더 어렵게 느껴질지도 모르겠다. 그런데 일단 용서의 강을 건너고 나면 한결 가벼워진 마음으로 상황에 흔들리지 않고 보다 안정적으로 자신을 대할 수 있게 될 것이다.

만족, 만족, 대만족

신체의 장애를 딛고 자신이 하고자 하는 일을 행복하게 펼쳐 나가는 한 사람의 인생을 감동적으로 담고 있는 책이 있다. 『오체불만족』이라는 책이다.

이 책을 읽다 보면 글쓴이가 그 전까지는 인식하지 못했던 자신의 불편한 몸을 의식하게 되는 순간 어떤 생각을 하게 되었는가를 엿볼 수 있다. 바로 자신의 불편한 몸과 타인의 불편하지 않은 몸을 인식하는 순간이다.

대개 우리는 타인과 다른 자신의 모습, 그러면서도 타인보다 더 불리하거나 부족한 자신의 모습을 인식하면 스스로를 거부하는 반응을 보이기 쉽다. 그러나 그는 차이에 대한 인식을 자기거부가 아닌 자기수용의 방향으로 발전시킨다. 이런 생각의 흐름을 따라가다 보면 우리는 자존감과 자기수용, 그리고 삶의 의미와 삶에 대한 만족이 무엇인가를 다시 되새기게 된다.

그러나 어떻게 살든 누구에게나 꼭 필요한 전제가 하나 있다. 다름 아닌 '나를 소중하게 여기는 마음가짐'이다. '소중하게 여겨야 할 나'란 도대체 어떤 존재인가? (중략) '나는 어떤 사람인가?'라는 고민을 하는 내 머릿속에 가장 먼저 떠오른 '장애'라는 단어. 왜 나는 장애인일까? 많은 사람이 정상으로 태어나는데, 왜 나는 장애를 지닌 채 태어났을까? (중략) 아주 사소한 예에 불과하지만 장애를 가진 사람만이 해낼 수 있는 일이 이 세상에는 반드시 존재한다. 나는 바로 그 일을 위해 이런 몸으로 세상에 태어나게 되었다. 신체는 불만족, 그러나 인생은 대만족.[12]

자신의 모습을 있는 그대로 인식하자 그는 자신의 지금 모습으로 하고 싶은 것, 할 수 있는 것을 찾게 된다. 신체는 불만족이나 인생은 대만족이라 말하는 그의 모습에서 우리는 불만족스러운 면을 수용하지도 않으면서 불평불만만 늘어놓고 자기 자신과 주변 사람, 환경을 탓하고 원망하던 우리 모습을 되돌아보고 반성하게 된다.

타인이 설정한 기준이나 내가 상정한 조건에 맞춰 그대로 이루어지지 않는다며 힘들어하기보다는 우리 앞의 한계와 우리 안의 결핍을 새로운 기회로 받아들이는 것이 중요하다는 사실을 오토다케 히로타다는 자신의 삶으로 보여주고 있는 것이다.

우리는 언제나 우리 앞에서 열리지 않는 문이 있다고 절망하지만, 그는 닫힌 것처럼 보이는 문조차 사실은 새로운 선택의 기회임을 알아챈다. 생각해보면 모든 문이 열려 있어 모든 가능성에 열려 있는 것도 우리에게 혼란을 준다.

맞지 않고 열려 있던 문들을 닫아가는 데도 많은 시간과 에너지가 들지 않는가? 그러다 보면 우리가 진정 원하는 것이 무엇인지 찾기가 더 어려워질 수도 있다.

그러니 우리 앞에서 닫힌 것처럼 보이는 문들을 보며 절망하기보다는 열린 문도 있고 닫힌 문도 있는 우리의 삶, 멋진 점도 있고 실망스러운 점도 있는 나, 있는 그대로의 나, 지금의 나를 힘껏 받아들이자. 나를 받아들이는 것, 이것은 모든 성장과 행복의 출발점이다.

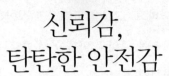

신뢰감,
탄탄한 안전감

모든 것은 우리가 타인과 맺고 있는 관계 속에서 이루어진다.
한 사람과의 관계를 시작으로 나를 펼쳐나갈 힘을 얻게 된다.

그 누구에게도 마음을 열지 않는 나

공지영의 소설 『우리들의 행복한 시간』을 읽다 보면 우리는 세상에 대한 불신과 불안, 원망에 가득 찬 두 남녀의 모습을 보게 된다. 여주인공 유정은 사춘기 시절 친척오빠에게 성폭행을 당한다. 그런 그녀를 힘들게 한 것은 폭력의 기억보다도 폭력을 경험한 후 어머니의 반응이다.

폭력 경험은 우리가 일상 속에서 느끼던 신뢰와 안전을 산산

조각낸다. 그런데 이런 조각난 마음을 어루만져주기는커녕 냉정하게 그녀를 비난하고, 고통을 표현하고 싶어하는 그녀의 입을 막는 어머니의 모습은 그녀의 마음을 더 큰 혼란과 고통 속으로 밀어 넣고 파편화시킨다.

그로 인해 그녀가 이전까지 세상에 대해 품고 있던 신뢰는 완전히 깨진다. 그후 그녀가 깨진 유리 파편처럼 날카롭고 뾰족한 마음으로 세상을 대하는 것을 충분히 이해할 수 있다.

한편 남자 주인공 윤수는 어린 시절 경험한 냉혹하고 차가운 거절로 인해 세상에 대한 기대가 전혀 없다. 아주 어렸을 때에는 어머니에게 버림받았고, 얼마 안 가 세상과 그를 이어주는 유일한 끈이었던 동생도 차가운 주검이 되어 그를 떠난다.

궁지에 몰린 그는 결국 범죄와 결부되어 사형선고를 받기에 이른다. 반복된 관계 속 거절과 상처로 인해 세상에 대한 신뢰의 끈이 모두 끊어진 그는, 그 누구에게도 마음을 열지 않은 채 차가운 교도소에서 죽음을 기다리고 있을 뿐이다.

신뢰가 자존감에 미치는 영향

이 이야기는 이렇게 산산조각이 나고 툭툭 끊어진 마음을 가진 두 사람이 어떤 방식으로 자신과 타인에 대한 신뢰를 회복해

나가는가를 감동적으로 그리고 있다. 그들이 서로를 믿고 자신의 가장 밑바닥에 있는 이야기를 나누며 허물어진 자신을 다시 일으켜나가는 모습을 보다 보면 우리 역시 붕괴되어 가던 인간에 대한 신뢰에 희망을 품게 된다.

영화화되기도 했던 이 소설의 제목인 '우리들의 행복한 시간' 이란 바로 조각나고 끊어진 마음을 '관계 속 신뢰' 라는 아교로 이어붙여 가는 시간인 셈이다. 그렇다면 신뢰는 우리 마음에 어떤 역할을 할까? 그리고 신뢰가 우리의 자존감에 미치는 영향은 어떤 것일까?

1. 애착

많은 심리학자들은 우리의 성장과 행복을 위해 신뢰감이 얼마나 중요한가를 살폈다. 특히 존 볼비나 에릭 에릭슨 같은 학자들은 우리가 어린 시절에 느끼는 신뢰를 중시하고 이를 중점적으로 살폈다.

먼저 에릭슨은 우리가 자라면서 각 발달 시기마다 해결해야 할 과제가 있다고 보았다. 그는 발달 시기를 여덟 단계로 나누었는데, 가장 첫 번째 단계인 생애 첫 1년 동안 중요한 것이 '신뢰감 획득' 이다. 이런 신뢰감을 획득해야 다음 단계로 나아갈 수 있으니 신뢰감 획득은 우리 생애의 첫 과제이자 가장 중요한 과제나 다름없는 것이다.

애착에 대한 선구적인 연구와 이론으로 유명한 볼비 역시 우리가 어린 시절 애착을 통해 느끼는 신뢰감을 중시했다. 그는 우리가 태어나서 처음 관계를 형성하는 부모님이나 주 양육자와 우리의 상호 작용이 어떠했는가에 따라 세상을 바라보는 근본적인 관점이 달라진다고 보았다. 부모님과의 안정적인 애착 관계는 우리가 험한 산행을 하더라도 의지할 수 있는 베이스캠프와도 같고, 세상에 나아가기 전 무수한 시행착오를 해볼 수 있는 마음의 연습장과도 같다는 것이다.

그는 이런 애착 관계를 바탕으로 우리가 '내적 작동 모델(internal working model)'이라 불리는 마음의 지도를 얻게 된다고 보았다. 이 지도는 '나는 어떤 사람인가?', '상대는 어떤 사람인가?', 그리고 '세상은 어떤가?'에 대한 기본적이면서도 경험에서 우러나온 답을 우리에게 알려주는 것이다. 가장 처음이고 또 가장 어리고 약할 때 형성된 만큼 그후 우리의 관점과 태도에 큰 영향을 미칠 수밖에 없다.

생각해보자. 우리가 배가 고파서 울 때 부모님이 이를 간파하고 필요한 음식을 우리 입에 넣어준 순간, 우리는 이 세계가 우리의 마음을 이해해주고 감싸주는 안전감을 느끼게 된다. 그리고 이런 경험이 쌓이다 보면 부모님이 지금 옆에 없을지라도 필요한 시기에 옆에 와주실 것이라는 신뢰가 생긴다.

또 더 나아가 내가 나에게 필요한 무언가를 나만의 방식으로

해낼 수 있으리라는 자신에 대한 신뢰도 쌓이게 된다. 나와 타인, 그리고 세상에 대한 신뢰감이 확고할수록 우리는 자신감과 자존감을 품고 뭔가를 해낼 수 있다.

2. 자신과 타인에 대한 신뢰

심리치료 이론에 기반을 둔 분류는 아니지만 언젠가 한 선생님이 내린 나와 타인에 대한 관점 분류를 보며 크게 공감한 적이 있었다. 그는 우리가 나와 타인에 대해 가진 관점을 크게 네 가지로 나누었다.

첫째, '나도 괜찮고, 다른 사람도 괜찮다'는 자신과 타인에 대한 탄탄한 신뢰를 보이는 관점이다. 두말할 필요도 없이 이들은 건강하고 안정적인 삶을 산다. 자신과 타인에 대한 신뢰를 기반으로 삶에 대한 태도가 긍정적이다.

둘째, '나는 괜찮은데 다른 사람은 괜찮지 않다'는 생각을 가진 사람이다. 이들은 타인을 쉽게 불신하고 자주 억울함을 느끼게 된다. 또한 타인과 관계를 맺는 데 큰 한계를 느낄 수밖에 없다.

셋째, '나는 괜찮지 않은데 다른 사람들은 괜찮다'는 생각을 가진 사람들이다. 이들은 자신에 대한 확신이 부족하고 쉽게 타인에게 의존하며 타인의 인정과 사랑에 집착하는 모습을 보이기 쉽다. 자신을 믿지 못하다 보니 자존감 역시 낮을 수밖에 없다.

넷째, '나도 다른 사람들도 괜찮지 않다'고 생각하는 사람들

이다. 이들은 자신에 대한 혼란감은 물론, 타인에 대한 혼란감에
도 흔들리며 쉽게 분노하고 좌절한다. 그리고 극단적인 경우 자
신과 타인을 해치는 모습을 보이기 쉽다.

여러분은 나와 타인에 대해 주로 어떤 관점을 가지고 있는가?
우리가 근본적으로 품고 있는 관점을 중심으로 살펴보면 나도
괜찮고 타인도 괜찮다는 믿음을 품고 있는 것이 우리에게 얼마
나 중요한 것인가를 새삼 깨닫게 된다. 스스로에 대한 신뢰와 타
인에 대한 신뢰가 있어야 우리는 자신을 존중하고 소중히 여기
며, 더 나아가 타인을 존중하고 소중히 여길 수 있다.

약해지고 무너진 신뢰감을 탄탄히 하기 위해

'신뢰'라는 단어를 보면 어떤 말이 생각나는가? 신뢰는 상업
적인 광고 속에서 자주 나타나고, 또 그런 만큼 자주 남용되는
말이 아닌가 싶다. 요즘처럼 다양한 정보들이 난무하고 선택에
대한 확실한 보장이 어려운 사회 속에서 '신뢰'는 예전보다 더
중요한 덕목으로 떠올랐다. 서로 온정을 나누는 관계뿐만 아니
라 공적인 비즈니스 관계 속에서도 신뢰의 중요성은 점점 더 강
조된다.

그런데 이를 뒤집어 생각해보면 그만큼 우리 사회 속에서 안

전이 보장되기가 더 어려워졌다는 점을 반증해주는 것 같다. 신뢰가 깨질 때 우리 마음속 안전감이 허물어지기에 우리는 불안해진다. 사회가 더욱 불안해질수록 신뢰는 더욱 중요해질 수밖에 없다.

여러분은 스스로와 타인에 대한 근본적인 신뢰감을 품고 있는가? 그리고 이 신뢰감은 언제 위협받게 되는가? 어떤 이유에서든지 신뢰감이 약해졌다면 다음 두 가지를 기억할 필요가 있다.

첫째, 아무리 불안한 사회에 살고 있으며, 지금까지 신뢰감을 깨뜨리는 경험에 상처받은 적이 많았다고 해도 신뢰는 지켜질 때가 지켜지지 않을 때보다 많았다는 점이다.

사실 우리는 제 시간에 도착하지 않는 버스와 공약을 지키지 않는 정치인, 파란불인데도 횡단보도를 가로질러가는 자동차와 같이 일상의 규칙과 원칙이 깨지는 경험에서부터, 믿었던 친구에게 거절당하고 배신당한 기억, 금전적 손실을 입은 사기, 존경하던 누군가의 양면성을 목격하는 일에 이르기까지 다양한 신뢰의 위반을 목격해왔다. 그러나 위반의 기억이 우리의 경험 세계에 더 큰 충격과 혼란, 생채기를 남기기에 이것이 더 크게 다가올 뿐 정말 우리 세계를 불신이 장악하고 있는 것은 아니다.

그 불신보다 더 강력한 신뢰의 증거가 우리 일상 곳곳에 자리잡고 있다. 그렇지 않고서야 우리가 이렇게 차분히 앉아 무언가를 하고 있기란 불가능하다.

둘째, 끊어지고 부서진 건물도 다시 세울 수 있듯이 끊어지고 부서진 신뢰감도 다시 회복할 수 있다는 점이다.

고등학교 2학년인 지선이는 활달하고 쾌활한 학생이다. 스튜디어스가 되는 것이 꿈이고, 사람들을 만나면 특유의 붙임성 있는 태도로 이런저런 질문을 던진다. 그런데 3년 전만 해도 지선이에게 이런 모습을 찾아보기란 어려웠다.

초등학교 5학년 때 부모님이 오랜 갈등 끝에 이혼하고 그 시기에 친구들에게 소외당하는 경험을 하면서 지선이는 불신을 배웠다. 중학교에 들어가서도 친구들에게 마음을 열기 힘들어했다. 몇몇 선생님들도 지선이의 마음을 열기 위해 노력했지만 그 애는 언제나 불신하는 눈빛으로 마음을 열지 않았다고 했다.

그런데 중학교 2학년이 되면서 같은 반이 된 한 친구와의 관계를 통해 지선이는 서서히 예전의 호기심 많고 쾌활하던 자신의 모습을 찾아가기 시작했다. 자신이 믿고 마음을 터놓을 수 있는 관계를 통해 닫힌 마음이 열리고, 마음을 꽉 채우고 있던 불신의 안개를 걷어내기 시작한 것이다.

이처럼 우리는 관계를 통해 신뢰를 쌓고 그 신뢰를 바탕으로 우리 자신을 펼칠 힘을 얻는다. 그리고 그 관계가 흔들릴 때 신뢰감이 부서지고 끊어지기도 하지만 이를 다시 이어붙이는 것도 관계다.

모든 것은 우리가 다른 사람과 맺고 있는 관계 속에서 이루어

240

진다. 관계가 꼭 거창하거나 많을 필요도 없다. 마음을 나누는 한 사람과의 관계를 시작으로 우리는 천천히 나를 펼쳐나갈 힘을 얻을 수 있다.

사람에 대한 신뢰감 회복이 가장 중요하다

개인마다 '신뢰' 하면 연상되는 이미지가 다르겠지만 나에게 있어 '신뢰' 라는 단어는 검고 푸른 바다, 그리고 그 앞에서 느끼는 공포·불안과 연결되어 있다. 어린 시절 바다에 빠져 죽을 만큼 무서웠던 적이 있고, 조금 더 커서는 친구들의 짓궂은 장난에 두려웠던 적이 있고, 또 수영장에서 수영을 배우려고 시도할 때마다 불안에 사로잡혔던 나는, 그 모든 공포와 불안, 두려움이 물을 신뢰하지 않기에 나타난다는 것을 알게 되었다.

물이 내 몸을 떠받들어 줄 것이라는 사실을 머리가 아닌 마음으로 신뢰해야 바짝 긴장해 뻣뻣해지고 무거워진 몸에 힘이 풀리고, 자연스럽게 물 위에 떠서 물을 즐길 수 있을 것이다. 그처럼 신뢰는 머리로 받아들이는 것이 아니라 마음으로 받아들이게 되는 것이다.

그 신뢰감을 회복하기까지 꼬박 30년이 걸렸고, 아직도 물에 대한 두려움이 있긴 하지만 나는 내 안의 가장 비합리적인 두려움과 불안을 극복하고 물을 신뢰하고 나자 나 자신에 대한 자신 감과 자부심도 커졌다. 그 후 나는 다른 도전도 할 수 있을 것만 같은 기분이 들었다.

이런 신뢰의 회복은 특정 사람에 대해 불안과 공포를 느끼고 안전감을 느낄 수 없어 흔들리는 마음에 적용해볼 수 있다. 만일 지금 여러분이 어떤 이유에서든지 사람들과의 관계 속에서 안전 하다는 느낌을 받지 못한다면, 신뢰와 관련된 마음을 점검해보 고 이를 회복하려는 시도가 필요하다.

사람에 대한 신뢰가 없다면, 물에 대한 신뢰가 없던 나처럼 바 짝 긴장하고 부자연스럽게 힘을 주며 관계를 즐기지 못하고 피 할 수밖에 없기 때문이다. 그렇다면 스스로를 자책하며 자존감 도 잃게 된다.

물에 대한 불신감을 품고 있다면 그럭저럭 물을 피하면서 살 수도 있지만 사람에 대한 불신감을 회복하지 않고 사는 것은 불 가능하다. 우리는 결국 관계적인 동물이기 때문이다. 지금 관계 속에서 불안감을 많이 느낀다면 준비 운동을 하고, 안전 장비를 챙기고, '괜찮다'고 스스로를 다독이며 천천히 물에 자신을 맡 기는 것처럼 그렇게 사람들을 만나자. 신뢰감은 우리가 지금 여 기에서 편하게 존재할 수 있도록 우리를 보호해주는 마음의 안 전망이다.

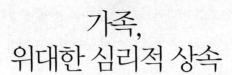

가족,
위대한 심리적 상속

가족은 우리가 가진 자존감의 중요한 뼈대를 제작하는 공간이다.
건강한 자존감을 가진 부모가 자존감이 탄탄한 아이를 키운다.

우리 시대의 가족

인류의 문명이 4대강 유역에서 시작되었다면 『가족시네마』로
아쿠타가와상을 수상한 소설가 유미리에게 문제는 가족이라는
공동체 안에서 시작되었다.

그녀의 가족 안에 어떤 것은 결핍인 반면에 어떤 것은 과잉이
다. 그리고 이런 결핍과 과잉은 그녀의 마음속에 지울 수 없는
상처를 준다. 작가의 자전적인 소설이라는 이 이야기 속에는 작

가 자신이 경험한 상처가 놀랄 만큼 초연하게 묘사되어 있다. 한국계 일본인으로 자라면서 그녀가 가족 밖에서 경험한 겹겹의 슬프고 비참한 경험은 가족 안에서 보듬어지고 희석되지 못했기에 그녀를 상처 안에 그대로 가둔다.

구성원끼리 등을 돌리게 하고, 서로가 서로의 자존감을 책임지기보다는 자존감에 생채기를 내는 것을 일상적으로 하는 역기능적 가족과 그 안에서 상처 입은 자존감으로 신음하는 주인공을 그린 그녀의 소설을 통해 우리는 우리 시대의 가족에 대해 다시 생각해보게 된다. 과연 이상적인 가족이란 어떤 가족을 두고 하는 말일까?

이상적인 가족이란?

모든 사람들에게 있어 가족은 요람에서부터 무덤까지 우리를 담아주는 곳이며 때로는 즐겁지만 또 때로는 괴롭고, 가장 사랑하면서도 가장 상처 입히기 쉽고, 하루를 시작해서 하루를 마감하는 곳이다. 또한 우리 최초의 심리적 환경을 구성해준 곳이기도 하고, 우리와 묘하게 닮아 있는 사람들이 한 지붕 아래 옹기종기 모여 사는 곳이기도 하다.

여기에 중요한 한 가지를 덧붙이자면 우리가 가진 자존감의 중요한 뼈대를 제작하는 공간이기도 하다는 점이다. 이 뼈대가 탄탄하게 세워지지 않으면 후에 아무리 좋은 경험의 살을 붙이고 스스로 노력해서 피가 돌게 한다고 해도 씩씩하게 앞으로 나가는 데는 한계가 있기 마련이다. 그래서 이상적인 가족의 기능이란 구성원들의 자존감을 탄탄하게 세우는 것이라고 할 수 있다.

특히나 자라나는 아이들의 경우 부모가 조성해준 심리적 환경의 절대적인 영향력 아래에 있다. 결국 '이상적인 가족'이란 건강한 자존감을 가진 부모가 자존감이 탄탄한 아동을 키우는 가족이라 할 수 있다.

자존감은 우리가 점점 자라면서 스스로를 어떻게 대하는가에 달려 있지만 아주 어린 시절에 타인이 우리를 어떤 방식으로 대했고, 우리가 이를 어떻게 받아들였는가 하는 상호작용이 중요하다. 그 가운데 우리가 어린 시절 가족이라는 테두리 안에서 어떤 상호작용을 했는가는 우리의 자존감을 돌아보는 데 반드시 살펴봐야 할 부분이다. 가족은 과거의 자존감을 돌아보는 중요한 척도다.

파이어스톤은 가족의 중요한 목적으로 아동의 특별한 잠재력을 키우고 그들이 성장하고 발전할 수 있게 도와줌으로써 아동의 '독립성(autonomy)'과 '자기감(sense of self)'을 키우게 하는 것이라고 보았다. 잠재력의 씨앗을 가진 아이가 그 씨앗을 꽃피울 수 있도록 부모들이 긍정적인 역할 모델이 되어주고 성장에 필요한 양분을 주는 것이다. 우리는 사회적 동물이기에 의식주와 관련된 물질적 자원뿐만 아니라 심리적 자원도 필요하다.

파이어스톤은 아동에게 필요한 심리적 자원을 '사랑음식(love food)'이라는 개념으로 설명한다. 이 개념은 본래 그가 정신분열 환자들을 치료하면서 만든 개념으로 아이가 필요로 하는 원초적인 사랑 표현이 음식을 통해 나타나기 때문에 중요하다고 할 수 있다.

그는 사랑음식이 아동의 생존을 위해 필요한 물리적 심리적 요소를 포함한다고 제안한다. 그리고 사랑음식을 줄 의도와 능력을 모두 갖춘 부모가 적절한 보살핌과 통제를 제공해줄 때 아이가 건강하게 자랄 수 있고 그런 가족을 이상적이라고 보았다.

위니컷 역시 같은 주장을 했다. 그는 아동의 심리적 성장과 관련된 유용하고 통찰력 있는 개념들을 내놓았다. 그 중에서도 우리를 성장시키고 행복하게 하며 이상적인 가족 환경과 관련해서 그가 제시한 두 개의 개념은 특히 유용하다. 그 가운데 하나는 '품어주는 환경(holding environment)'이다. 이에 대해 그는 이렇게 말한다.

"아이를 둘러싼 환경이 아이를 잘 품어주면 아이는 자신이 본래 가진 경향에 따라 성장할 수 있다. 이를 통해 자신의 존재에 대한 탄탄한 자기감을 놓치지 않게 되고, 그 결과 자율성을 획득하게 된다."

그가 강조한 품어주는 환경과 그 결과로 나타난 자율성은 이상적인 가족과 그 속에서 자란 아동의 건강한 자존감과 관련이 있다. 더 어리고 힘이 없을수록 가족의 심리적 환경의 영향은 클 수밖에 없기에 우리의 자존감은 어린 시절 가족에게 큰 영향을 받았으리라는 것을 잘 알 수 있다. 따라서 아이가 때때로 느끼는 좌절감을 설명하고 위로해주는 환경을 만들어주는 것이 필요하다. 그 속에서 탄탄한 자존감을 세운 아이들은 후에 어떤 외적 스트레스에도 더 잘 대처해나갈 수 있는 마음의 힘을 축적하는 것이나 다름없다.

이런 이야기를 접할 때면 자책감과 무기력감을 느끼는 부모님도 있다. 부모님 역시 스스로 안고 있는 낮은 자존감의 문제와 싸우고 있을 수도 있고 자신의 인간적 한계와 결함 때문에 아이들에게 언제나 이상적인 환경을 만들어줄 수 있는 것은 아니기 때문이다. '이상'은 말 그대로 결코 닿을 수 없는 이상으로만 남아 오히려 현실적인 내 모습에 후회와 무기력감을 불러와 스스로를 더 깎아 내리게 되기도 한다.

앞서 이야기했듯이 위니캇은 이런 우리의 현실에 대해 '충분히 좋은 엄마'라는 개념으로 현실적인 기준을 준다. 그가 말하는 품어주는 환경이란 아동에게 좌절을 주지 않거나 좌절감을 완전히 해소해주는 완벽한 이상의 환경이 아니라고 한다.

대신 그는 우리의 성장과 발달을 위해 어느 정도의 좌절은 반드시 필요하다고 하면서 좌절감의 유무가 문제가 아니라 좌절감의 정도가 문제라고 했다. 좌절이 너무 많아도, 또 너무 적어도 우리가 심리적으로 잘 성장하지 못한다는 것이다.

또한 좌절을 이기는 경험을 통해 우리 안의 자신감과 자존감이 커진다. 따라서 부모로서 이상적이지 못하다고 너무 힘들어할 필요는 없다. 아동의 심리적 환경을 때때로 점검해주며 더 나은 환경을 마련해주려 노력하는 것, 이런저런 시행착오와 한계 속에서 계속 시도하는 것, 그것으로 충분하다고 위니컷은 말하고 있다.

가족 안에서 다친 자존감은 어떻게 해결하는가?

파이어스톤은 많은 부모님들이 스스로의 미숙함 때문에 음식과 같이 분명하고 보편적인 욕구 이외에 아동의 심리적 욕구를 그때그때 민감하게 알아채고 채워주기란 어렵다고 말한다. 또한 부부의 갈등이나 가족의 경제적 스트레스로 인해 심리적인 성장까지 세심히 살펴볼 여유를 가지기 어려운 경우도 있다.

어떤 부모들은 자신과 기질적으로 다른 아동의 독특한 특성을 그대로 인정하고 이해하기가 어려워 일방적인 방식으로 양육하기도 한다. 또한 부모 자신이 자라면서 경험한 결핍으로 부모의 낮은 자존감이 아이에게 그대로 대물림되기도 한다. 그리고 부모님과의 갈등 때문에 힘들었던 사람들은 부모가 되어 해결되지 않은 마음의 상처를 무의식적으로 자신의 자녀에게 물려주기도 한다.

그렇다면 가족 안에서 다친 자존감에 대해 우리는 어떻게 바라보는 것이 좋을까?

상처받은 자존감에 대해 설명과 표현을 시도한다

아이일 때에는 좌절이 참 많다. 그래서 우리는 좌절이 무엇인지 설명해주고 위로해주는 사람이 없을 때 그 좌절은 크게만 느껴지고 내 안에서만 그대로 머물게 된다. 그래서 아이는 좌절의 순간마다 자신을 품어줄 수 있는 어른에게 다가간다. 그러면 어른들은 "아이쿠, 넘어졌어? 괜찮아. 엄마가 저거 맴매해줄게", "오빠가 인형 뺏어갔어? 그럼 안 되지. 오빠한테 같이 달라고 해보자"라고 말하며 아이를 달래준다.

이런 방식으로 우리 마음을 알아주고 설명해주는 대상은 어른이 된 우리에게도 필요하다. "그래, 그랬구나. 네 마음이 안 좋겠다", "나라도 너처럼 느꼈을 거야. 괜찮아"라고 말해주는 대상 말이다.

이를 심리학에서는 '반영(mirroring)' 이라고 한다. 우리는 모두 거울처럼 반사시켜 보여주는 누군가를 필요로 하는데, 특히 아이일 때 우리의 마음을 반영해주는 부모와 좋은 상호작용을 하면 세상이 자기편이라고 생각하며 자신감을 가지고 있다. 또한 자신이 괜찮은 사람이라고 믿으며 자존감도 탄탄해진다. 좌절이 있어도 훌훌 털어낼 수 있으니 말이다.

심리학을 공부하거나 상담을 받기 시작한 사람들 가운데 많은 사람들은 가족이 그런 대상이 되어주지 못했음을 아쉬워하며, 가족이 주는 상처가 왜 이렇게 많고 고질적인가를 자주 묻는다. 가장 사랑하고 위해줘야 할 사람들이고, 마음으로는 가장 사랑하고 위하는 사람들이 가족인데 왜 실제로 나를 가장 힘들게 하는 사람들도 가족인지 그 모순을 이해할 수 없다는 것이다.

그러나 잘 돌아보면 표현이 잘못되거나 엇갈렸을 뿐 가장 사랑하기에 또 상처의 영향을 가장 크게 받기도 하는 것이다. 게다가 그런 상처를 가장 잘 보듬어주고 이해해줄 사람 역시 가족이다. 결국 상처를 주고받는 것을 뛰어넘는 더 큰 사랑을 주고받을 수 있는 가능성이 있기에 가족이 아니겠는가?

또한 우리가 어리고 여렸다는 점 역시 상처를 더 크게 받는 이유가 된다. 아주 어리고 여릴 때에는 관점도 좁았을 뿐만 아니라 자신의 좌절감을 스스로 설명하고 이해해낼 능력이 부족하다. 그래서 어른에게는 아무것도 아닌 일이 어린 시절에는 큰 상처가 되어 내 마음 한 곳을 무너져 내리게 만든다. 그러니 어린 시절의 상처와 좌절을 이제는 어른의 관점으로 다시 돌아보고 스스로를 위로해주고 다독이는 시간이 필요하다.

괴롭고 답답하기에 자세히 보려하지 않았던 예전의 나와 나를 둘러싼 환경을 찬찬히 돌아보면 나는 물론 나에게 상처가 되었던 경험들을 다른 관점으로 볼 수 있을 것이다. 그런 자신을 이해하고 받아들일 수 있을 때 우리의 무너진 자존감은 새로운 마음의 공사를 시작하게 된다. 물론 그 마음을 가족과 함께 나누며 표현할 수 있다면 공사의 진행 속도는 더 빨라지고 더 튼튼하고 멋진 자존감의 건물을 시공할 수 있지 않을까.

스스로를 존중하는 부모가 되자

아이에게 있어 부모는 자신의 신체적·심리적 생존에 절대적인 존재다. 그래서 아이는 때로 부모 자신이 느끼는 것보다 부모의 감정과 태도를 더 예민하게 받아들이고 반응하기도 한다.

아이에게 좋은 부모가 되기 위해서는 아이에게 잘하려고 노력하기 이전에 자기 스스로에게 잘하려고 노력하며 긍정적인 태도를 가지는 것이 중요하다. 자신의 자존감을 시시각각 살피며 스스로 만족하고 행복한 삶을 살자는 것이다. 그러면 그런 태도와 감정은 크게 애쓰지 않아도 아이에게 전해지고 안정적인 롤 모델이 되기도 한다.

로버트 존슨(Robert Johnson)이라는 심리학자는 『당신의 그림자가 울고 있다』라는 책에서 우리 내면의 유쾌하지 않고, 수치스럽고, 받아들일 수 없는 심리의 어두운 부분인 '그림자'에 대해 이야기하면서 부모로서 자녀에게 줄 수 있는 최고의 심리적 유산과 최악의 심리적 짐을 이렇게 비교한다.

그림자를 전가하는 최악의 상태는 부모의 그림자를 자녀들에게 짊어지게 하는 것이다. 물론 누구나 성인으로서의 삶을 시작하기 전에 부모의 그림자를 벗어던지는 노력을 해야 한다는 것은 당연하다. 그러나 만일 부모가 자신들의 그림자를 어린 자녀에게 부가하는 경우 자녀의 마음은 분리된다. 자아와 그림자의 전투가 일어나는 것이다. 이런 자녀들은 대부분 청소년들이 짊어지는 그림자보다 훨씬 더 큰 그림자를 성장기에 감당해야 한다. 그리고 이들이 결혼을 하면 다시 자녀들에게 그림자를 전가하려 든다. 인간의 죄가 삼대에 걸쳐 이어지는 것이다. 만일 여러분이 자녀들에게 최고의 선물, 즉 자신의 삶을 살아갈 수 있도록 최대한의 가능성을 열어주고 싶다면 자녀들에게서 자신의 그림자를 덜어주라. 심리학적으로 말해 자녀들에게 깨끗한 유산을 넘겨주는 것이 가장 위대한 상속이다.[13]

가족이야말로 세상 모든 관계의 토대

우리는 모두 한때 타인의 세심한 보살핌과 통제 없이는 단 하루도 살기 힘들 정도로 연약한 아이였다. 그리고 그런 자신을 품어주는 환경 속에서 성장해 지금에 이르렀다.

이만큼 자라나 독립적이고 개별적인 사람으로 자란 것은 어떤 면에서는 기적이지만 우리가 신체적으로 다 성장했다고 해도 우리의 심리적 성장은 평생 계속된다. 그 과정에서 우리 안의 어떤 부분은 성장이 멈추고 제자리걸음을 걷고 있거나 시간이 갈수록 뒷걸음질치는 것만 같은 부분도 있다.

겉으로는 아무것도 아닌 마음속 상처와 결핍이 우리의 자존감에 부정적인 영향을 미쳤고, 이는 후에 우리 아이에게도 고스란히 영향을 미칠 수 있다. 우리가 다른 누구보다 우리 스스로를 먼저 보듬어주고 품어주며 소중하고 사랑스럽게 대해주는 것, 그런 소중함과 사랑이 잘 표현되는 가족을 만들어나가는 것, 그것은 세상의 모든 좋은 관계를 위한 토대가 된다.

변화,
나와 너를 바꾸는 힘

겉으로 어떤 변화가 없는 것 같아서 포기하고 싶은 바로 그때가
바로 우리 스스로를 가장 믿어줘야 할 시기라는 점을 기억하자.

자존감을 끌어올릴 하나의 실마리가 바로 '변화'

고대부터 지금까지 내려온 모든 이야기의 주요 테마는 '변화'
다. 인류 최초의 소설이라는 호메로스의 『일리야드』와 『오디세
이』도 그렇고, 거대한 적과 싸우는 영웅들의 웅장한 무용담을 담
은 중세의 서사시도 그렇고, 현대의 소설·영화·드라마 역시
'개인과 사회가 어떻게 변해 가는가? 그리고 무엇이 그들을 변
하게 하는가?' 라는 질문에 답을 하고 있다.

신화의 원천이 되는 무궁무진한 이야기를 담은 오비디우스의 유명한 책 역시 『변신 이야기(metamorphosis)』, 즉 변화라는 이름을 달고 있다. 삶이 흘러가는 한 지금 이 순간에도 변화는 계속되고 계속해서 기록되고 있다.

버나드 쇼의 희곡 『피그말리온』 역시 변화를 테마로 한다. 이 희곡 속 주인공은 극적인 변화를 경험한다. 언어의 변화가 삶의 변화를 가져올 수 있다는 자신의 이론을 증명하고 싶었던 히긴스 박사는 초라한 소녀 일라이자 둘리틀의 외양을 변화시킨다. 그러자 교양 있는 언어습관을 교육받고 귀부인 같이 차려입은 그녀는 사교계의 꽃이 된다.

이와 더불어 그녀의 내면 역시 극적으로 변한다. 그녀는 이제 초라한 시골 소녀 일라이자 둘리틀로 위축되지 않고 사교계의 꽃으로 스스로에 대한 자부심을 드러낸다. 이런 일라이자 둘리틀의 내외적 변화는 우리의 자존감을 끌어올릴 하나의 실마리가 바로 '변화'라는 키워드 속에 꿈틀대고 있음을 잘 보여준다.

변화, 진화할 것인가, 퇴행할 것인가?

소설과 영화 드라마에 등장하는 주인공의 이야기와는 달리 사실 우리의 변화는 극적이지 않다. 우리는 언제나 극적으로 해피엔딩을 맞는 영화나 변화가 가시적인 드라마, 온갖 시련을 극복한 뒤 평온해진 외적 세계와 탄탄해진 내면세계를 묘사한 영웅담을 보게 된다. 하지만 변화는 언제나 긍정적이지도, 극적이지도 않다. 우리의 현실 속 변화는 더디게 나타나기도 하고 온갖 해피엔딩과 세드엔딩이 뒤죽박죽 섞여 있다.

그리고 엔딩이라는 지점이 존재하지 않을 때가 더 많기도 하다. 때로 우리는 아무리 시도하고 노력해도 변화가 더디 찾아오는 것처럼 느낄 때도 많고 좋은 의도로 열심히 한 일이 어그러져서 도리어 뒷걸음질치는 것만 같은 느낌에 시달릴 때도 많다.

우리는 모두 변화를 원하지만 원하는 변화를 이루는 사람이 되기란 쉬운 일이 아니다. 어떤 사람은 원하는 변화를 이룸으로써 진화하지만 또 어떤 사람은 자신의 긍정적 잠재력을 잃어버리는 변화를 겪음으로써 퇴행하기도 한다.

『피그말리온』속 일라이자가 변화를 통해 진화한 우리의 자존감을 보여준다면, 그와 정반대의 변화를 통해 퇴행한 우리의 자존감을 보여주는 이야기가 있다. 바로 카프카의 『변신』이라는 단편소설이다.

외판원인 그레고르는 어느날 아침 자신이 흉측한 벌레로 변해 있다는 사실을 발견한다. 벌레로 변해버린 그의 모습에 가족들은 등을 돌리고 그는 쓸쓸히 죽어간다는 내용의 이 소설은, 한편으로는 말도 안 되는 기괴한 상상력을 보여주지만 다른 한편으로는 꽤나 사실적이고 기발한 통찰력을 보여준다.

그 이유는 자존감이 낮은 사람들은 스스로에 대해 자주 쓰는 언어와 표현으로 스스로를 벌레만큼이나 가치 없게 여기는 모습을 드러내기 때문이다. 사람들에게 치이고 원하지 않은 일을 계속하고 스스로가 가치 있는 사람이고 사랑받을 만하고 자신의 삶에 만족하지 못하는 경험을 계속하다 보면 우리의 자존감은 점점 더 떨어진다.

변화는 서서히 나타난다

희극과 소설 속에서 인물들의 변화는 극적이고 느닷없이 나타난 것처럼 보이지만, 사실 큰 트라우마나 치유경험과 같이 우리의 삶 전체를 뒤흔드는 경험이 불러온 변화가 아니라면 우리의 변화는 서서히 나타난다. 우리의 일상에서 경험하고 그 경험을 받아들이고 대처하는 과정 속에서 우리가 우리 스스로를 바라보는 방식 역시 아주 조금씩 변화해가고 있다.

그런데 대부분의 사람들은 이러한 변화를 잘 의식하지 못한 채, 외적 변화에 휩쓸려 산다. 그러다 보니 외적 변화가 일으키는 돌풍에 우리의 내면은 흔들리고 약해진다.

어느 날 아침 자고 일어나보니 벌레로 변해 있는 그레고르의 내면적 변화는 사실 그 이전부터 조금씩 나타나고 있었을 것이다. 긍정적 변화를 한 일라이자 역시 마찬가지다. 그녀가 변화했다고 해도 그녀의 내면적 변화를 스스로 인식하고 인정하고 기뻐하지 않는다면 그녀의 좋은 내면적 변화는 오래 힘을 발휘하지 못한다. 기껏해야 '덕분에 내 삶이 변화했다'라고 생각하며, 자신의 변화에 대한 자신의 역할을 인정하지 못한다면 그 변화가 그녀의 자존감을 오래 붙들어주기는 힘들다.

'나는 마땅히 가치 있는 사람이며, 이런 변화를 위해 내가 무엇을 어떻게 해왔고 어떻게 하고 있는가'를 순간순간 의식하는 것이 필요하다. 이는 부정적인 자기를 인식하게 된 그레고르는 물론 긍정적인 자신을 바라보게 된 일라이자 모두에게 필요한 것이다.

변화에 대한 양가적 감정

우리는 때로 변화하고 싶어하면서도 변화가 쉽지 않아 힘들어하고 좌절한다. 이럴 때에는 변화에 대한 자신의 양가적 사고와 감정을 잘 들여다볼 필요가 있다. 일견 부정적으로 보이는 모습이라도 자신에게 도움이 되는 면이 분명 있다.

특히 많은 사람들이 기존에 가지고 있던 총체적인 자기개념을 뒤짚어보는 것을 어렵고 두려워한다. 이들은 이미 자존감이 낮은 자신의 패턴에 익숙해져 있다. '나는 이것밖에 안 돼'라는 생각이 뿌리 깊은 사람들은 그런 자신의 패턴 밖으로 나가 새로운 시도를 하는 것을 너무나 어려워한다.

여러분이 가진 여러 생각 가운데 '나는 이것밖에 안 돼'라는 생각을 반대로 표현해보자. 예를 들어 '난 뚱뚱해서 외모가 별로야'라는 생각이 강하다면 '나는 썩 볼 만해'라고 마음을 고쳐먹는다고 하자. 이 사람이 '난 썩 볼 만해'라고 외치면 외칠수록 이전에 자신이 비하했던 외모에 대한 생각이 끈덕지게 따라붙는다.

그 생각의 패턴에 익숙하고 뿌리가 깊게 내렸던 만큼, 별로라고 생각했던 시간이 길었던 만큼 이런 마음의 방해물 공작은 끈덕지게 변화하고 싶은 우리 마음속에서 발목을 붙잡고 변화는 더디게 찾아온다. 또 때로는 다 바꿨다고 안도하는 순간 또다시 자신을 깎아내리는 망령이 되살아나기도 한다. 변화에는 이 모든 과정이 수반된다.

우리는 변화에 대해 회의적 태도와 양가적 감정에 시달리는 것이 자연스럽고 당연하다. 그러니 변화가 더디 찾아오는 것 같고 때때로 변화했다가도 예전으로 되돌아가는 것만 같은 느낌에 시달리더라도 기억하자. 원하는 변화를 이루지 못하는 것 같아 절망하는 순간마다 그 절망감도 과정이라는 사실을 받아들여야 한다는 것을. 꼭 겉으로 드러난 결과적 변화만이 변화가 아니라 내가 어떤 변화를 시도하는 과정중에 있다는 것을. 이를 받아들이고 꾸준히 변화해간다는 것 자체가 큰 의미가 있다.

그래서 『자존감』이라는 책을 쓴 이무석 박사는 이를 우리 인생이 항시 '공사중'이라는 말로 표현한다. 우리 삶의 모든 변화는 지금도 진행중·과정중·공사중인 셈이다. 더 나은 건물을 만들기 위해 공사중 표시를 달고 있는 건물들처럼 말이다.

우리는 스트레스와 고통 때문에 변화하기도 하지만 모든 변화에는 스트레스와 고통이 따른다. 그러니 혼자서 변화하는 것이 힘들다면 그 변화를 지지해주고 도와줄 수 있는 누군가와 함께 변화하자. 일라이자에게는 히긴스가 그런 변화를 가능하게 해주는 촉진자였다면, 그레고르에게는 그를 묶어두고 퇴행시키는 차갑고 냉담한 반응만 있었을 뿐이다.

치료적인 대화를 통해 원하는 내면적 변화를 이끌어주는 상담 장면에서는 변화를 매우 중요하게 다룬다. "언제, 어떤 계기로 이 사람은 어떻게 변화했는가?", "변화를 어떻게 받아들이는가?", "앞으로 이 사람이 원하는 변화는 무엇인가?", 그럼으로써 변화하지 못하고 제자리걸음을 딛고 있는 내면의 어느 지점에 다가가 묶여 있는 마음의 끈을 풀어주고, 앞으로 원하는 변화를 보다 구체화하고 현실적인 시도를 해나감으로써 변화를 잘 운용할 수 있게 해주는 것이다.

언제, 어떤 계기로 인해 혹은 오랜 시간에 걸친 부정적인 일상의 경험들로 내가 나를 소중히 여기지 못하게 되는 변화를 경험했다면 그 변화를 외면하지 말고 더 찬찬히 살펴보자. 변했던 것을 있는 그대로 받아들이고, 어디에서 어그러졌던가를 직시하고 변해버린 내 모습을 충분히 애도하고 나면 이제 앞으로 어떤 모습으로 변화해야 할지 더 분명히 보일 것이다. 변화를 통해 진화하는 일라이자가 될 것인가, 변화를 통해 퇴행하는 그레고르가될 것인가의 선택은 우리에게 달려 있다.

변화는 더디 올 것이다

영어 공부를 하는 동안 나에게 인상적으로 다가왔던 그래프가있다. 그 그래프는 계단 모습을 하고 있었는데 그때의 영어 선생님이 이를 설명하기 위해 진녹색 칠판에 하얀색 분필을 잡고 밑에서부터 진하게 그려보였던 기억이 난다. 그는 영어 공부의 어려움을 호소하는 우리에게 어떤 관점을 품고 공부를 계속 해야하는가를 그 그래프로 설명하고 싶어하셨다.

"영어 공부하는 건 시간과 노력 대비로 올라가는 게 아냐. 조금 나아졌다 싶으면 한참동안 아무리 해도 더 나아지는 것 같지 않고 평행선만 달리는 시점이 있어. 해도 해도 제자리걸음인 것만 같고 똑같지. 그런데 그때에도 꾸준히 하면 갑자기 수직상승하는 지점에 도달할 거야. 그러다가 또 슬럼프처럼 아무리 해도 안 되는 시점이 오지. 그러다가 또 한참 많이 하다 보면 또 갑자기 느는 거야. 그러니까 지금 당장은 나아지는 게 없어 보여. 그때 가장 중요한 것이 꾸준히 하는 거야. 그게 중요한 거야."

노력해도 변화가 없어 상심한 우리를 격려하고 희망을 주기 위한 그의 말에 우리는 적잖이 위로를 받았다. 뿐만 아니라 나는 이 그래프를 세상의 모든 더딘 변화, 아무리 해도 점프하는 순간이 오지 않을 것 같은 지리멸렬한 평행선의 시기에 자주 인용하게 되었다. 지금 당장은 가시적인 성과가 없는 것 같아도, 내일 당장 잘되리라는 보장이 없는 것 같아도, 꾸준히 하다 보면 결과가 있으리라는 희망을 안고 지금의 정체와 고통에 긍정적인 의미를 부여하게 되는 것이다.

변화는 쉽지 않다. 그리고 변화는 더디 올 것이다. 더군다나 변화를 원하는 우리는 그 과정에서 수많은 유혹과 좌절에 혼란스럽기도 하고 힘들어지기도 할 것이다. 뿐만 아니라 변화는 진보와 퇴행 사이에서 오락가락하기도 할 것이다. 나아졌다 싶다가도 어느 순간 맨 처음 그 지점으로 돌아가 있을지도 모른다.

그래서 우리의 의욕을 꺾고, 더 큰 좌절감 속에 밀어 넣을지도 모른다. 그럼에도 우리는 끝끝내 변화할 것이고 퇴행을 딛고 진보로 나아갈 것이다. 왜냐하면 지금 이 순간에도 우리는 변화를 위해 미미하나마 무언가를 하고 있기 때문이다.

중요한 것은 '꾸준히'와 '묵묵히'다. 아무런 성과가 없는 그 순간이 변화의 씨앗에 영양분을 주고 계속해서 물을 줘야 할 그 시점이다. 우리는 노력할 때마다 보상이 뒤따르지는 않는다는 것을 예상해야 한다. 그리고 나를 쏟았던 일이 결국에는 나 자신에게 되돌아온다는 사실을 믿어야 한다.

더디 찾아오는 변화 때문에 힘들 때마다 계단을 생각하자. 아직 겉으로 드러나지 않은 씨앗이 큰 열매를 예비하고 있듯, 우리의 변화는 겉으로만 보이지 않을 뿐 이미 만개한 모습을 우리 안에 간직하고 있는지도 모른다.

나를 소중히 여기고 사랑하고 아끼는 자존감 역시 우리 인생을 통해 조금씩 흔들리며 변화해갈 것이다. 기억하자. 겉으로 어떤 변화가 없는 것 같아서 포기하고 싶은 바로 그때가 우리 스스로를 가장 지지하고 믿어줘야 할 시기라는 점을. 포기하고 싶을 때마다 고지가 바로 눈앞에 있다는 점을. 조금만 더 하면 당신의 자존감 역시 도약할 것이다.

소홀히 하지 말아야 할
우리 마음의 업데이트

　스마트폰이 출시되고 얼마 지나지 않아 스마트폰을 구입했다. 주변 사람들은 아날로그형 인간인 내가 어떻게 그렇게 일찍 스마트폰을 장만했냐며 놀라워했다. 나 역시 변해가고 진보하는 이 거대한 기술 문명의 흐름에 뒤쳐질 수 없다는 불안감과 위기감에 구입을 하기는 했지만 내가 과연 이 기술을 잘 활용할 수 있을지는 의문이었다.

　구입하고 난 이후에 '어플'을 많이 받지는 않았지만 하루가 멀다 하고 어플들은 끊임없이 진보해가는 것 같았다. '업데이트'를 하라는 표시가 매일같이 화면에 떠오르니 말이다. 이런저런 어플들이 '업데이트' 되는 모습을 보고 있자니 문득 이런 생각이 든다. 상점에는 '신상'들이, 책방에는 새로운 책들이, 대학에는 새로운 연구들이, 대중매체에는 새로운 인물들이, 스마트폰에는 새로운 어플들이 매일같이 쏟아져나오고 있다.

이처럼 업데이트해야 할 것이 천지인 우리네 삶 속에서 우리 마음은 어떻게, 그리고 얼마나 업데이트되고 있는 것일까? 이런 업데이트를 하며 우리의 마음살이는 과연 점점 나아지고 있는 것일까? 하루하루 다른 업데이트를 쫓아가느라 내 마음의 업데이트는 소홀히 하고 있는 것은 아닐까? 혹시 우리 마음은 업(up)데이트가 아닌 다운(down)데이트가 되고 있는 것은 아닐까?

이 책은 업데이트해야 할 것이 천지인 우리 삶 속에서 점점 더 불안해지고 쪼그라들며, 흔들리는 우리 마음을 업데이트할 필요가 있다는 점을 알리기 위해 만들어졌다. 생각해보면 우리는 새 기술과 신상품에 대한 업데이트는 너도나도 앞다투어 한다. 하지만 우리의 생각과 감정, 행동은 언제나 그 자리에 머물러 있거나 때로는 퇴보하는 것처럼 느껴질 때가 많다. 그럼에도 우리는 우리 마음속의 꽁꽁 얼어붙어 꿈쩍하지 않는 생각, 너무 오래되어 해묵은 느낌, 아닌데 싶으면서도 반복하는 행동을 점검해보고 정기적으로 업데이트하는 데 소홀할 때가 많다.

그래서 이 책은 이런 생각과 느낌, 행동의 원인이자 해결책을 '자존감'에서 찾고자 한다. 또한 낮거나 흔들리는 자존감의 문제를 살펴보고, 이런 마음을 업데이트하자고 종용하고 있다.

우리는 모두 정도의 차이는 있지만 자존감이 위태로워지는 순간을 경험한다. 어떤 사람은 자신의 가치를 조건적으로 바라보며 세상 어떤 사람보다 스스로에게 가혹하게 대한다. 또 어떤 사람은 평생 자신의 마음을 따라가기보다는 타인의 평가에 위태롭게 휘둘린다. 또 어떤 사람은 그런 자신을 스스로 붙들지 못해 극단적인 선택을 하기도 한다.

그러나 우리는 모두 존재 자체로 가치 있고 소중하다. 내가 나를 소중하게 여기지 못하고 마음이 흔들린다면 다른 어떤 업데이트도 우리에게 소용이 없다. 그때에는 잠시 하던 일을 멈추고 자신의 마음을 살피며 마음을 업데이트할 필요가 있다. 결국 모든 것은 나를 사랑하고 존중하는 힘으로 해나갈 수 있는 것이다.

살다보면 나를 사랑하고 존중하는 마음이 위협받는 일이 자주 생긴다. 누구나 조금씩 흔들리며 오르락내리락하는 마음을 안고 자신만의 길을 걷고 있으니 말이다. 그러니 이 책을 마감하는 지금, 마지막으로 한 번 더 강조하고 싶은 것이 있다.

이 책에서 나열한 모든 말은 결국 "나를 존중하고 사랑합시다!"라는 한 마디로 축약될 수 있다. 다른 어떤 내용은 잊어버리더라도 이 말만은 몇천 년 동안 썩어 없어지지 않을 미이라를 보존하는 이집트 장인의 정성으로 독자 여러분의 마음속 깊이깊이 새겨 넣으시길 바란다.

이 세상 누구든 무엇이든 모두 모두 소중하고 사랑스럽다. 부디 이 책이 여러분의 자존감 업데이트에 도움이 되었으면 한다.

| 주 |

1) 나사니엘 브랜든 지음, 강승규 옮김, 『나를 존중하는 삶』(학지사, 1994), 24쪽.

2) 배르벨 바르데츠키 지음, 강희진 옮김, 『여자의 심리학』(북폴리오, 2006), 60쪽.

3) 윌리엄 셰익스피어 지음, 김재남 옮김, 『셰익스피어 4대비극』(북앤북, 2010), 180쪽.

4) 윌리엄 셰익스피어 지음, 김재남 옮김, 『셰익스피어 4대비극』(북앤북, 2010), 202쪽.

5) 홍경자 지음, 『자기주장의 심리학』(이너북스, 2006), 25쪽.

6) 한스 크리스티앙 안데르센 지음, 김종순 옮김, 심만기·이종철 그림, 『미운 오리 새끼』(문이재, 2002), 29~30쪽.

7) 제임스 매스터슨 지음, 임혜련 옮김, 『참자기』(한국심리치료연구소, 2000), 232~233쪽.

8) 티머시 골웨이 지음, 최명돈 옮김, 『이너게임』(오즈컨설팅, 2006), 33쪽.

9) 김난도 지음, 『아프니까 청춘이다』(쌤앤파커스, 2010), 20쪽.

10) 앙투안 드 생텍쥐페리 지음, 최복현 옮김, 『어린왕자』(책이있는마을, 2009), 153~154쪽.

11) 이무석 지음, 『친밀함』(비전과리더십, 2007), 161~162쪽.

12) 오토다케 히로타다 지음, 전경빈 옮김, 『오체불만족』(창해, 1999), 217~218쪽.

13) 로버트 존슨 지음, 고혜경 옮김, 『당신의 그림자가 울고 있다』(에코의 서재, 2007), 52~53쪽.